PSYCHOSE

DU MÊME AUTEUR

CHEZ POCKET

CONTES DE TERREUR

PSYCHOSE 2

COLLECTION TERREUR
dirigée par Patrice Duvic

ROBERT BLOCH

PSYCHOSE

POCKET

Titre original de l'ouvrage
PSYCHO

Traduit de l'anglais
par Odette FERRY

ISBN 2-266-09218-9

ISSN 1144-7214

I

Norman Bates entendit un bruit et un sentiment d'effroi le parcourut.

On aurait dit que quelqu'un avait frappé au carreau.

Il leva les yeux rapidement, sur le point de se redresser. Le livre lui glissa des mains et tomba sur ses larges cuisses. Alors, il se rendit compte que c'était simplement la pluie. Une pluie de fin d'après-midi, qui martelait la fenêtre du salon.

Norman n'avait pas remarqué qu'il s'était mis à pleuvoir, ni que le crépuscule était tombé. Maintenant, il faisait sombre dans le salon et il avança la main pour allumer la lampe avant de reprendre sa lecture.

C'était une de ces lampes démodées, avec un abat-jour en verre décoré et des pendeloques de cristal. Aussi loin qu'il pouvait s'en souvenir, sa mère avait eu cette lampe et n'avait jamais voulu s'en séparer. Au fond, Norman n'y voyait pas d'objection ; il vivait dans cette maison depuis quarante ans et trouvait à la fois plaisant et rassurant d'être environné par ces objets familiers. Ici, il y avait une place pour chaque chose et chaque chose était à sa place. C'était seulement à l'extérieur qu'on avait fait des changements. Et la plupart de ces changements contenaient une menace en puissance. S'il avait passé l'après-midi à se promener, par exemple ? Il aurait pu se trouver dans un petit chemin de campagne solitaire ou même dans les marais quand la pluie avait commencé. Et alors ? Il se serait fait tremper jusqu'aux os et aurait été obligé de rentrer à la maison, en pataugeant dans l'obscurité. C'est ainsi qu'on attrape la mort. Et puis, personne n'a envie d'être dehors quand il fait nuit ! Il était bien plus agréable d'être au salon, près de la lampe, avec un bon livre.

La lumière tombait sur son visage poupin, reflétée par ses verres sans monture et baignait son crâne rose qui luisait entre ses rares cheveux pâles, tandis qu'il penchait la tête sur le livre qu'il avait repris.

C'était vraiment un livre passionnant qui lui avait fait perdre toute notion du temps ! Il s'agissait du *Royaume des Incas*, de Victor W. Von Hagen, et jamais encore Norman n'avait trouvé une telle richesse de renseignements étranges. Par exemple, la description de la *cachua*, une danse de la victoire, où les guerriers forment un grand cercle qui se déplace en ondulant comme un serpent. Il se mit à lire :

L'accompagnement de tambour s'effectuait généralement sur la dépouille d'un ennemi dont la peau avait été détachée et tendue sur le ventre pour en faire un tam-tam ; le corps entier servait de caisse de résonance tandis que les battements jaillissaient de la bouche grande ouverte. C'était saugrenu mais efficace.[1]

Norman sourit, puis s'offrit le luxe de frissonner en toute quiétude. *Saugrenu mais efficace.* « Je le crois sans peine ! » Vous imaginez un homme qu'on écorche — tout vif sans doute — et dont ensuite on tend le ventre pour en faire un tambour ? Comment procède-t-on pour ne pas détériorer et pour conserver intacte la chair du cadavre ? Et d'abord, quelle sorte de mentalité faut-il avoir pour qu'une telle idée puisse naître en vous ?

Il y a certes, de par le monde, des idées plus ragoûtantes mais, en fermant à demi les yeux, Norman put presque entrevoir la scène : une foule de guerriers nus et peinturlurés qui se contorsionnaient à l'unisson sous un ciel sauvage, brûlé de soleil, et accroupi devant eux, le vieux sorcier qui faisait jaillir ce rythme lancinant du ventre distendu

1. Reproduit avec la permission de l'auteur.

d'un cadavre. La bouche grimaçante devait sans doute être maintenue ouverte par des morceaux d'or et c'est de là que sortait le son. Un son qui naissait sur le ventre frappé en cadence et qui surgissait, amplifié à l'extrême comme s'il était émis par une monstrueuse cornemuse.

Pendant un instant, Norman crut vivre cette mélopée. Puis il se souvint du rythme de la pluie et du bruit des pas...

En vérité, il se rendait compte que des pas approchaient, sans même les entendre. L'habitude aiguisait ses sens chaque fois que sa mère entrait dans la pièce. Il n'avait pas besoin de lever la tête pour savoir qu'elle était là.

En fait, il ne *leva* pas la tête. Il fit semblant de poursuivre sa lecture. Sa mère, après avoir dormi dans sa chambre, venait de se lever. Il savait à quel point elle était grognon quand elle s'éveillait. Le mieux était donc de ne pas bouger en espérant qu'elle ne serait pas de mauvaise humeur.

— Norman, tu sais l'heure qu'il est ?

Il soupira et ferma son livre. Elle allait être grincheuse, il en était certain : la question qu'elle posait en était la preuve. Sa mère était forcément passée devant la pendule du grand-père dans le vestibule pour venir au salon, donc elle avait vu l'heure.

Inutile de discuter. Norman regarda son bracelet-montre et sourit :

— Un peu plus de cinq heures. Je ne m'étais pas rendu compte qu'il était si tard. Je lisais...

— Crois-tu que je suis aveugle ? Je vois bien ce que tu faisais.

Elle avait gagné la fenêtre, et regardait tomber la pluie :

— Et je vois aussi ce que tu n'as pas fait. Pourquoi n'as-tu pas éclairé l'enseigne à la tombée de la nuit ? Et pourquoi n'es-tu pas au bureau, comme tu le devrais ?

— Il pleut tellement qu'il y a peu de chances que des voitures circulent par ce temps.

— C'est idiot ! C'est justement par un temps pareil qu'on risque d'avoir des clients. Il y a des tas de gens qui ne veulent pas conduire quand il pleut.

— Mais personne ne passera par ici. Tout le monde prend maintenant la nouvelle route.

Norman perçut l'amertume qui se glissait dans sa voix. Il la sentit monter dans sa gorge jusqu'à en saisir le goût. Il essaya de la contenir. Mais c'était trop tard : il fallait qu'il l'exprime.

— Je t'ai dit ce qui allait arriver lorsque nous avons eu la chance de savoir avant les autres qu'on allait déplacer la grand-route. C'est avant l'annonce officielle qu'on aurait dû vendre le motel. Nous aurions pu acheter là-bas n'importe quel terrain pour une bouchée de pain et nous nous serions rapprochés de Fairvale. On aurait un motel tout neuf, une maison toute neuve et on aurait gagné de l'argent. Mais tu ne m'as pas écouté, tu ne m'écoutes jamais. Tu n'en fais qu'à ta tête et tu crois toujours avoir raison. Tu m'empoisonnes !

— Ah, vraiment, je t'empoisonne, mon petit ?

La voix de sa mère était hypocritement douce mais Norman ne s'y laissa pas prendre. Pas même lorsqu'elle l'appela « mon petit ». Il avait quarante ans et elle l'appelait encore « mon petit ». Et cette façon de le traiter rendait les choses pires encore. Si seulement, il n'avait pas été obligé de l'écouter ; mais il l'écoutait, il savait qu'il y était obligé, il était toujours obligé de l'écouter.

— Ah, vraiment, je t'empoisonne, mon petit ? répéta-t-elle avec encore plus de douceur. Je t'empoisonne, hein ? Eh bien ! je ne suis pas de ton avis. Non, mon petit, ce n'est pas moi qui t'empoisonne : tu t'empoisonnes *toi-même*. Et c'est pour ça que tu es toujours sur cette route secondaire, n'est-ce pas, Norman ? La vérité, c'est que tu n'as aucun courage. Tu n'as *jamais* eu aucun courage, n'est-ce pas, mon petit ?

» Tu n'as jamais eu le courage de quitter la maison. Jamais eu le courage de t'en aller et de trouver du travail, ou de t'engager dans l'armée, ni même de te dénicher une fille...

— Tu ne m'aurais laissé faire pour rien au monde.

— C'est vrai, Norman, pour rien au monde. Mais si tu étais tant soit peu un homme, tu serais parti pour vivre ta vie.

Il aurait voulu lui jeter à la face qu'elle se trompait mais il ne le pouvait pas. Ce qu'elle était en train de lui dire, il se l'était dit maintes et maintes fois depuis des années. C'était la vérité. Elle lui avait toujours imposé sa loi, mais ça ne signifiait pas qu'il aurait toujours dû obéir. Les mères sont parfois abusives mais tous les enfants ne se laissent pas abuser. Il y a bien des veuves, et bien des fils uniques de par le monde, mais ils n'acceptent pas tous de demeurer en tutelle. C'était autant sa faute à lui qu'à sa mère. Il n'avait aucun courage.

— Tu aurais pu persévérer, tu sais, disait-elle. Admettons que tu sois parti à la recherche d'un coin qui nous convienne. Tu aurais pu mettre le motel en vente. Mais non, tu n'as été capable que de gémir, je sais bien pourquoi. Pas un instant, je ne m'y suis laissé prendre. La vérité, c'est que tu ne voulais pas partir d'ici. Tu n'as jamais voulu quitter cet endroit, et tu ne le voudras jamais. Tu ne *peux pas* partir, n'est-ce pas ? Pas plus que tu ne deviendras jamais adulte.

Il ne pouvait la regarder davantage. Il ne pouvait jamais la regarder quand elle lui parlait ainsi. Et, à la vérité, il n'y avait rien sur quoi il pût porter les yeux. La lampe à pendeloques, le mobilier lourd et étouffant, les objets familiers, tout cela soudain lui devenait haïssable, justement parce qu'il les connaissait trop, comme ce qui meuble une cellule de prison. Il regarda par la fenêtre, mais ça ne valait guère mieux : dehors, régnaient le vent, la pluie et l'obscurité. *Là* non plus, il n'y avait pas d'évasion possible. Il ne pouvait s'échapper nulle part. Il ne pouvait pas davantage échapper à la voix qui sanglotait, à la voix qui tambourinait à ses oreilles comme celle du cadavre inca dont il était question dans son livre : ce tambour de mort.

Il serra le livre entre ses mains et essaya d'y attacher son regard. Et s'il ignorait sa mère tout en feignant d'être calme ?

Il n'y parvint pas.

— Regarde-toi donc, reprit-elle (*et le tambour résonnait sans cesse : patoum, patoum, patoum, et les sons jaillissaient sans arrêt de la bouche tordue*). Je sais pourquoi tu ne t'es pas donné la peine d'allumer l'enseigne. Et je sais aussi pourquoi tu ne t'es pas soucié d'ouvrir le bureau ce soir. Ce n'est pas vrai, tu n'as pas oublié. C'est simplement parce que tu ne *veux* pas que quelqu'un vienne. Tu espères que personne ne viendra.

— Très bien, murmura-t-il, je l'admets. Je déteste m'occuper de ce motel et j'ai toujours détesté ça.

— Ce n'est pas seulement ça, petit (*et à nouveau « petit, petit, petit », semblait jaillir des mâchoires de la mort*). Tu hais les *gens*. En vérité, c'est parce qu'ils te font peur, n'est-ce pas ? Ils t'ont toujours fait peur depuis que tu es né. Tu préfères te pelotonner dans un fauteuil sous la lampe et lire. Il y a trente ans que ça dure et ça ne fait qu'empirer ! Tu te caches derrière la couverture d'un livre.

— Je pourrais faire des choses bien pires. C'est ce que tu m'as toujours dit. En tout cas, je ne suis jamais sorti et ne t'ai jamais causé d'ennuis. Ne vaut-il pas mieux que je me cultive l'esprit ?

— Toi, tu te cultives l'esprit ? Ah là, là...

Il la sentait debout derrière son dos, son regard baissé vers lui.

— Tu appelles *ça* te cultiver ? Moi, tu ne peux pas me tromper, mon petit, pas même une seconde. Tu n'y es jamais arrivé. Ce n'est pas comme si tu lisais la Bible ou si tu essayais de t'instruire. Je sais le genre de livre que *tu* lis. Des ordures ! Et même pire encore !

— Eh bien ça, c'est une histoire de la civilisation inca...

— Tu parles. Et je parierais que c'est rempli d'histoires dégoûtantes sur ces sales sauvages, comme le livre que tu lisais sur les mers du Sud. Ah, tu ne savais pas que j'étais au courant de celui-là aussi, n'est-ce pas ? Tu le cachais dans ta chambre, comme tous les autres, comme toutes ces saletés que tu as lues...

— La psychologie n'a rien de sale, maman !

— Il appelle ça de la psychologie ! Tu t'y connais en psychologie ! Je n'oublierai jamais la fois où tu m'as parlé d'une façon si répugnante, jamais... Ce n'est pas croyable qu'un fils puisse parler *comme ça* à sa propre mère !

— Mais j'essayais simplement de t'expliquer quelque chose : le complexe d'Œdipe, c'est ainsi que ça s'appelle. Et je pensais que si l'un et l'autre nous pouvions sagement étudier la question pour essayer de la comprendre, les choses s'arrangeraient peut-être entre nous.

— Qu'elles s'arrangent, mon petit ? Rien ne s'arrangera jamais. Tu peux lire tous les livres du monde, tu seras toujours le même. Je n'ai pas besoin d'écouter tout ce galimatias vulgaire et obscène pour savoir qui tu es. Même un enfant de huit ans le saurait. Tous tes petits copains l'avaient déjà compris, *eux aussi*. Tu vis dans les jupons de ta mère. C'est ce qu'on disait de toi et ça a toujours été vrai. Tu as toujours vécu, tu vis encore et tu vivras éternellement dans les jupons de ta mère. Tu es gros, tu es gras, tu es vieux maintenant, et tu continues à vivre dans les jupons de ta mère.

Le martèlement de ces paroles, le martèlement de son cœur dans sa poitrine l'assourdissaient. Il étouffait. Il était sur le point de pleurer. Norman secoua la tête. Dire qu'elle pouvait lui parler ainsi, malgré son âge ! Pourtant elle le faisait, elle l'avait fait et continuerait à le faire toujours, et toujours, à moins que...

— A moins que quoi ?

Mon Dieu ! Elle lisait donc dans ses *pensées* ?

— Je sais ce que tu penses, Norman, je sais tout de toi, mon petit. Plus que tu ne le crois, car je sais même ce que tu imagines. Tu penses que tu voudrais bien me tuer, n'est-ce pas, Norman ? Mais tu ne peux pas me tuer. Parce que tu n'en as pas le courage. La force, c'est moi qui l'ai. Je l'ai toujours eue. J'en ai eu pour nous deux. C'est pourquoi tu ne te débarrasseras jamais de moi, même si tu le voulais vraiment. Bien sûr, en ton for intérieur, tu n'en as pas *véritablement* le désir. Tu as besoin de moi, mon petit. C'est ça, la vérité, n'est-ce pas ?

Norman se leva lentement. Il n'avait pas assez confiance en lui pour l'affronter. Non, pas encore. Il devait s'obliger tout d'abord à être calme. Très, très calme. Ne pas attacher d'importance à ce qu'elle disait. Essayer de se contenir, essayer de bien se rappeler : *C'est une vieille femme, elle n'a pas tout à fait sa tête à elle. Si tu continues à l'écouter ainsi, tu finiras toi aussi par avoir la tête un peu dérangée. Dis-lui de retourner dans sa chambre et de se recoucher. Elle n'a rien à faire ici.*

Et il vaut mieux qu'elle y aille vite car sinon tu es capable cette fois de l'étrangler.

Il allait se retourner vers elle et lui parler lorsque la sonnerie retentit.

Une voiture venait de pénétrer dans le motel et quelqu'un sonnait pour s'annoncer.

Sans même se donner la peine de regarder derrière lui, Norman gagna le vestibule, décrocha son imperméable du portemanteau et sortit dans la nuit.

II

La pluie tombait régulièrement depuis un moment déjà lorsque Mary s'en aperçut. Elle mit son essuie-glace en marche, puis, elle alluma les phares ; la nuit était venue brusquement et la route devant elle semblait une traînée imprécise entre les grands arbres.

Des arbres ? Elle ne se rappelait pas avoir vu une rangée d'arbres à cet endroit lorsqu'elle était passée par-là la fois précédente. Bien sûr, cela remontait à l'été dernier et elle était arrivée à Fairvale en plein jour, fraîche et dispose. Aujourd'hui, elle était épuisée parce qu'elle avait conduit dix-huit heures d'affilée : néanmoins, elle se souvenait fort bien de la route et sentait confusément qu'elle s'était trompée.

Se souvenir : ce mot déclenchait tout. Or, elle se *souvenait* vaguement avoir hésité il y avait une demi-heure environ en arrivant au carrefour. Oui, c'était bien cela : elle avait tourné dans la mauvaise direction. Et maintenant elle était perdue, Dieu sait où. La pluie tombait et tout était d'un noir d'encre alentour...

Domine-toi. Tu ne peux pas t'offrir le luxe d'être prise de panique. Le plus dur est passé.

C'est vrai, se convainquait-elle. Le plus dur était passé. Le plus dur, ç'avait été hier après-midi lorsqu'elle avait volé l'argent.

Elle se trouvait dans le bureau de M. Lowery lorsque le vieux Tommy Cassidy avait sorti de sa poche un gros paquet de dollars et l'avait posé sur le bureau.

Trente-six billets de la Banque Fédérale avec le portrait de ce gros homme qui avait l'air d'un épicier, et huit autres avec le visage d'un homme qui semblait être un entrepreneur. Mais l'épicier, c'était Grover Cleveland et l'entrepreneur était William McKinley. Trente-six fois mille et huit fois cinq cents, cela représentait en tout quarante mille dollars.

Tommy Cassidy les avait posés nonchalamment comme ça et les avait tapotés d'une manière désinvolte tout en annonçant que l'affaire était conclue : il achetait une maison pour sa fille comme cadeau de mariage.

M. Lowery, ne voulant pas être en reste, signa les papiers avec non moins de désinvolture. Mais après le départ du vieux Tom Cassidy, M. Lowery ne dissimula plus son émotion. Il ramassa l'argent, le mit dans une grande enveloppe marron en papier Kraft qu'il cacheta. Mary remarqua comme ses mains tremblaient.

— Voici, dit-il en lui tendant l'argent. Portez-le à la banque. Il est presque quatre heures mais je suis sûr que Gilbert acceptera encore ce dépôt.

Il s'arrêta et l'observa attentivement :

— Qu'avez-vous, mademoiselle Crane... Vous ne vous sentez pas bien ?

Peut-être avait-il remarqué, lui aussi, comme *ses* mains à elle tremblaient depuis qu'elle tenait l'enveloppe. Mais ça n'avait aucune importance. Elle savait ce qu'elle allait lui dire. Elle ne s'en trouva pas moins surprise cependant quand elle s'entendit parler :

— Je crois, monsieur Lowery, que j'ai encore une de mes fichues migraines. J'allais justement vous demander la permission de partir tout de suite. Le courrier est terminé et, de toute façon, nous ne pouvons pas établir le contrat avant lundi.

M. Lowery lui sourit. Il était de bonne humeur et pour cause ! Cinq pour cent sur quarante mille, ça représentait deux mille dollars. Il pouvait se permettre d'être généreux.

— Bien sûr, mademoiselle Crane, allez déposer cet argent à la banque et rentrez chez vous. Voulez-vous que je vous emmène en voiture ?

— Non, merci, c'est inutile. J'ai besoin d'un peu de repos...

— C'est ce qu'il vous faut. Alors, à lundi, ne vous en faites pas, c'est toujours ce que je dis.

« Ne vous en faites pas ! », tu parles. Lowery aurait été presque capable de se faire tuer pour gagner un dollar de plus et, en tout cas, il n'aurait pas hésité à supprimer n'importe lequel de ses employés si ça lui avait rapporté cinquante *cents* !

Pourtant Mary Crane lui répondit par un doux sourire, sortit de son bureau et, du même coup, disparut de sa vie. Elle emportait les quarante mille dollars dans son sac. Une occasion pareille ne se présente pas tous les jours. Et pourtant, lorsqu'une chance semblable s'offre aux gens, il y en a peu qui sachent ou osent en profiter !

Mary Crane avait attendu la sienne plus de vingt-sept ans.

Elle avait dû renoncer à continuer ses études quand elle avait dix-sept ans, le jour où son père avait été tué dans un accident de voiture. Mary avait alors suivi les cours d'une école commerciale pendant un an. Puis elle s'était mise à travailler pour subvenir aux besoins de sa mère et de sa jeune sœur Lila.

Elle avait dû renoncer à se marier quand elle avait vingt-deux ans, le jour où Dale Belter avait été appelé sous les drapeaux. Presque aussitôt le jeune homme avait été envoyé à Hawaii. Peu après son arrivée là-bas, il avait commencé à parler dans ses lettres d'une jeune fille qu'elle ne connaissait pas. Puis il avait cessé d'écrire. Lorsqu'elle avait reçu le faire-part de mariage, elle ne pensait plus à lui.

D'ailleurs, à cette époque, sa mère était assez gravement malade. Elle avait mis trois ans à mourir. Pendant ce temps, Lila était en pension car Mary avait insisté pour qu'elle fasse des études supérieures quoi qu'il arrive, et c'est sur elle que retombait tout le fardeau. Elle travaillait pendant la journée à l'Agence Lowery et, la moitié de la nuit, elle veillait sa mère : ce qui ne lui laissait guère de temps libre !

Pas même le temps de voir que les années *passaient*. Et puis sa mère avait été terrassée par une ultime attaque. Il avait fallu s'occuper de l'enterrement.

Lila revint et se mit à chercher du travail. Et soudain Mary se regarda dans son grand miroir : elle y vit un visage ravagé, aux traits tirés. Elle jeta contre la glace le premier objet qui lui tomba sous la main et le miroir se brisa en mille morceaux. Mais elle comprit que ce n'était pas si simple, car elle venait de se briser en mille morceaux, *elle aussi*.

Lila avait été admirable et même M. Lowery l'avait aidée : grâce à lui la maison fut vendue immédiatement. Lorsque les comptes furent liquidés, il leur restait environ deux mille dollars en espèces. Lila trouva un emploi dans un magasin de disques du centre de la ville et elles s'installèrent ensemble dans un petit appartement.

— Maintenant, tu vas prendre des vacances, lui ordonna Lila. De vraies vacances. Non, ne discute pas. Tu as fait vivre toute la famille pendant huit ans et il est grand temps que tu te reposes. Je veux que tu fasses un voyage. Une croisière, peut-être.

Ainsi Mary s'embarqua sur le S/S *Caledonia* et, au bout d'une semaine passée dans la mer des Caraïbes, le visage ravagé aux traits tirés n'était plus qu'un mauvais souvenir. Elle avait de nouveau l'air d'une fille jeune (elle se dit qu'elle ne paraissait pas plus de vingt-deux ans). Et, ce qui était encore bien plus important, une fille jeune et amoureuse.

Ce n'était pas l'amour sauvage et envahissant qu'elle avait éprouvé lorsqu'elle avait connu Dale Belter. Et ce n'était pas non plus le sentiment stéréotypé du genre « clair de lune » de tradition pendant les croisières tropicales.

Sam Loomis avait au moins dix ans de plus que Dale Belter quand elle avait rencontré ce dernier. Il était du genre tranquille, mais elle l'aimait. Pour la première fois, elle crut que la chance lui souriait. Jusqu'au moment où Sam lui donna quelques explications :

— A vrai dire, je fais une croisière sans en

avoir les moyens. J'ai un magasin de quincaillerie, vous savez...

Et il en vint aux aveux.

Il possédait un magasin de quincaillerie dans une petite ville nommée Fairvale. Sam y avait travaillé pour son père, étant entendu qu'il hériterait de l'affaire. L'an dernier, son père était mort et les experts lui avaient annoncé de mauvaises nouvelles.

Sam héritait de l'affaire, d'accord, mais il héritait aussi de vingt mille dollars de dettes. Non seulement l'immeuble était hypothéqué, mais l'assurance l'était aussi. Le père de Sam ne lui avait jamais avoué les sommes qu'il avait investies à la bourse et aux courses ! Mais tels étaient les faits.

Il n'y avait que deux solutions : faire faillite ou, à force de travail, rembourser les dettes.

Sam Loomis choisit la dernière.

— C'est une bonne affaire, expliqua-t-il. Je ne deviendrai jamais riche mais en la dirigeant bien, on peut gagner huit ou dix mille dollars par an. Et si je peux ouvrir un rayon de bon matériel agricole, je gagnerai peut-être davantage. J'ai déjà remboursé plus de quatre mille dollars. Dans deux ans, j'aurai fini de rembourser.

— Mais je ne comprends pas : si vous avez des dettes, comment alors avez-vous pu vous offrir ce voyage ?

Sam lui sourit :

— Je l'ai gagné grâce à un concours. C'est vrai : un concours organisé entre les revendeurs par une grosse maison de matériel agricole. Je ne croyais pas du tout gagner ce voyage mais j'avais un peu d'espoir. Je me disais que grâce à cet argent je pourrais peut-être payer mes créanciers plus vite. Un jour on m'a annoncé que j'avais remporté le premier prix de ma région.

» Je voulais revendre ce billet mais ils n'ont pas accepté. C'était un voyage ou rien. En ce moment, c'est la morte-saison et j'ai un employé très sérieux qui tient le magasin. J'ai donc pensé qu'après tout je pouvais bien prendre des vacances gratuites. Et me voici à bord. Et vous aussi.

Il sourit, puis soupira.

— J'aimerais que ce soit notre voyage de noces.

— Sam, pourquoi ne le serait-ce pas ? Je veux dire...

Mais il soupira de nouveau et secoua la tête.

— Nous devons attendre. Il faut encore bien deux ou trois ans avant que tout soit remboursé.

— Je ne veux pas attendre ! Je me moque de l'argent. Je pourrais quitter mon emploi et travailler dans votre boutique...

— Et y dormir aussi, comme moi ?

Il réussit encore à sourire mais son sourire était aussi triste que le soupir qu'il laissa échapper.

— C'est vrai. Je me suis aménagé un coin dans l'arrière-boutique. Je me nourris de haricots la plupart du temps. Les gens prétendent que je suis plus avare que notre banquier.

— Mais pour quelle raison ? demanda Mary. Si vous viviez convenablement, il vous faudrait simplement un an ou deux de plus pour rembourser votre dette. Et entre-temps...

— Entre-temps, je ne peux vivre qu'à Fairvale. C'est une gentille ville, bien que toute petite. Chacun connaît les affaires de ses voisins. Tant que je fais mon boulot, ils me respectent. Ils font même un détour pour venir acheter chez moi : ils connaissent tous ma situation et se rendent compte que j'essaie de faire de mon mieux. Papa avait une bonne réputation bien que les choses aient mal tourné. Je veux la conserver pour moi et pour mon affaire. Et pour nous, dans l'avenir. Aujourd'hui, c'est plus important que jamais, vous comprenez ?

— L'avenir, soupira Mary. Deux ou trois ans, avez-vous dit...

— Je suis désolé, mais quand nous nous marierons je veux que nous ayons un intérieur convenable, de jolies choses. Ça coûte de l'argent. Il faut au moins qu'on vous fasse crédit. Dans l'état actuel des choses, j'étale mes paiements. Tous mes fournisseurs acceptent mes conditions parce qu'ils savent que ce que je gagne sert à payer ce que je dois. Ce n'est ni facile, ni agréable. Mais je sais ce que je veux et je n'en démordrai pas. Voilà pourquoi, il faut que vous soyez patiente, ma chérie.

Alors, elle fut patiente. Mais elle ne le fut que lorsqu'elle se rendit compte qu'aucune persuasion — en paroles ou en actes — ne le ferait changer d'avis.

C'est ainsi que la situation se présentait à la fin de la croisière. Et c'est ainsi qu'elle demeura pendant plus d'un an. Mary était allée le voir en voiture l'été dernier. Elle fit connaissance de la ville, du magasin, des derniers chiffres inscrits dans les livres. Ceux-ci montraient que Sam avait remboursé encore cinq mille dollars.

— Il me reste onze mille dollars à payer, lui annonça-t-il fièrement. Encore deux ans, ou peut-être moins.

Deux ans. Dans deux ans, elle aurait vingt-neuf ans. Elle ne pouvait se permettre de bluffer, de lui jouer la comédie et de le laisser tomber comme si elle avait vingt ans. Elle savait qu'elle ne rencontrerait plus beaucoup d'autres Sam Loomis dans sa vie. Aussi, acquiesça-t-elle en souriant, puis regagna sa maison et l'Agence Lowery.

Elle reprit sa place à l'agence et nota que le vieux Lowery continuait à percevoir tranquillement ses cinq pour cent sur chaque affaire. Elle le vit racheter des hypothèques incertaines et forcloses, faire des offres rapides, rusées, en mettant le couteau sur la gorge de vendeurs désespérés à qui il proposait de l'argent comptant. Puis il prenait un bénéfice substantiel en revendant vite et sans peine.

Les gens vendaient ou achetaient constamment. Lowery, lui, ne servait que d'intermédiaire, prélevant un pourcentage sur les deux parties, qu'il avait eu seulement la peine de mettre en rapport. C'est tout ce qu'il faisait pour justifier son existence. Et pourtant il était riche. Lui, il ne lui faudrait pas deux ans pour rembourser à la sueur de son front une dette de onze mille dollars. Il lui arrivait de les gagner en deux mois.

Mary le détestait et elle détestait un tas d'acheteurs et de vendeurs avec qui il traitait parce qu'ils étaient riches, eux aussi. Ce Tommy Cassidy était l'un des pires : un gros négociant, pourri d'argent gagné dans les pétroles. Il n'avait même pas besoin de lever le petit doigt : il tripotait toujours dans les biens immobiliers. Un instinct sûr lui faisait deviner celui qui avait peur ou celui qui était dans le besoin. Il savait offrir peu et vendre cher, et ne ratait jamais une occasion de gagner un dollar de plus.

Ce n'était rien pour lui de donner ces quarante mille dollars en espèces, pour la maison qu'il allait offrir à sa fille en cadeau de mariage. Ça ne comptait pas davantage que le billet de cent dollars qu'il avait posé un après-midi, il y avait six mois environ, sur le bureau de Mary Crane en lui proposant de passer avec lui un week-end à Dallas.

Il avait agi si vite et avec une telle désinvolture qu'elle n'avait même pas eu le temps de se fâcher. M. Lowery était entré à ce moment-là et cela avait clos l'incident. Elle n'avait jamais opposé une fin de non-recevoir à Cassidy, ni seule à seul, ni devant des tiers. Et il n'avait jamais recommencé. Mais elle n'avait pas oublié. Elle ne pouvait pas oublier son vieux visage adipeux et ses lèvres humides qui esquissaient un sourire.

Et elle n'oubliait pas non plus que le monde appartient à des Tommy Cassidy. Tout leur appartient et ils fixent leurs prix : quarante mille dollars à une fille quand elle se marie ; cent dollars jetés négligemment sur un bureau pour s'offrir la location du corps d'une Mary Crane pendant un weekend.

C'est pourquoi j'ai pris les quarante mille dollars...

Telle est la plaisanterie classique, mais cette fois, ce n'était pas une plaisanterie. Elle avait bel et bien pris l'argent. Dans son subconscient il devait y avoir des jours et des jours qu'elle rêvait d'une occasion pareille. Car, maintenant, tout semblait s'ordonner parfaitement comme s'il s'agissait d'un plan préparé de longue date.

C'était vendredi après-midi ; les banques seraient donc fermées le lendemain, ce qui signifiait que Lowery ne saurait rien avant le lundi matin, quand elle ne se montrerait pas au bureau.

Mieux encore, Lila était partie pour Dallas le matin de bonne heure, car elle faisait maintenant tous les achats pour son magasin de disques.

Elle non plus ne rentrerait pas avant lundi.

Mary regagna directement son appartement et fit ses valises. Elle ne prit pas toutes ses affaires mais uniquement ses plus jolis vêtements, et un petit sac pour la nuit. Lila et elle avaient trois cent soixante dollars, cachés dans un pot de cold-cream vide, mais elle n'y toucha pas. Lila en aurait besoin lorsqu'elle serait seule à assurer les frais de l'appartement. Mary aurait aimé pouvoir laisser un mot à sa sœur mais elle n'osa pas. Lila allait avoir des jours difficiles à vivre, mais elle n'y pouvait rien pour le moment. Plus tard elle aviserait.

Mary quitta l'appartement vers sept heures. Une heure après elle s'arrêta à la sortie d'un faubourg pour y dîner, puis continua sa route jusqu'à un garage spécialisé dans les voitures d'occasion. Là, elle échangea son cabriolet contre un coupé. Elle y perdit de l'argent mais elle en perdit encore davantage le lendemain matin lorsque, dans une autre ville à quatre cent cinquante kilomètres plus au nord, elle fit un autre échange. Vers midi, après un troisième échange, il ne lui restait plus que trente dollars sur elle et une vieille guimbarde au pare-chocs défoncé du côté gauche. Mais elle n'était pas mécontente. Ce qui importait le plus, c'était de faire ces transactions très rapidement, brouiller la piste et pouvoir rouler dans un vieux tacot qui la conduirait au moins jusqu'à Fairvale. Une fois arrivée, elle pourrait continuer vers le nord peut-être même aller jusqu'à Springfield et y vendre la voiture sous sa véritable identité. Comment alors la police pourrait-elle découvrir l'endroit où résidait une certaine Mme Sam Loomis, puisqu'elle habiterait alors une ville distante de cent cinquante kilomètres ?

Car elle avait bien l'intention de devenir Mme Sam Loomis, et sans perdre une minute. Elle se présenterait chez Sam et lui raconterait son histoire d'héritage. Elle ne parlerait pas de quarante mille dollars : c'était une trop grosse somme qui nécessiterait une quantité d'explications. Mais elle mentionnerait quinze mille dollars. Elle lui dirait que Lila a touché la même somme, quitté son emploi et est partie pour l'Europe. Ce qui expliquerait son absence au mariage.

Peut-être que Sam refuserait de prendre cet argent. Il poserait sans doute des questions fort embarrassantes mais elle saurait s'en tirer. Il le faudrait bien. Ils se marieraient immédiatement : voilà ce qui importait. Elle serait Mme Sam Loomis, la femme du propriétaire d'une quincaillerie située dans une ville qui se trouve à mille deux cents kilomètres de l'Agence Lowery.

Et dans cette agence, on ne connaissait même pas l'existence de Sam. Bien sûr, on viendrait chez Lila et elle devinerait tout immédiatement. Mais Lila ne parlerait pas — du moins pas avant d'avoir vu Mary.

Lorsque ce moment viendrait, il faudrait que Mary sût comment s'y prendre avec sa sœur et l'empêchât de parler devant Sam et la police. Ce ne serait pas tellement difficile. Lila lui devait bien cela, ne serait-ce que pour toutes les années qu'elle avait passées à l'université grâce au travail de Mary. Peut-être pourrait-elle lui donner une partie des vingt-cinq mille dollars qui resteraient. Peut-être Lila les refuserait-elle. Mais il y aurait une solution à ce problème. Mary ne l'avait pas encore trouvée mais au moment opportun, elle aurait une réponse toute prête.

Pour l'instant, il ne fallait faire qu'une chose à la fois : la première étant de gagner Fairvale. Sur la carte, cela représentait à peine douze centimètres. Douze tout petits centimètres de ligne rouge entre deux points. Mais il lui avait fallu quand même dix-huit heures pour les couvrir. Dix-huit heures pendant lesquelles elle avait dû supporter les vibrations de la carrosserie, les reflets aveuglants des phares et la réverbération étourdissante du soleil ; dix-huit heures pendant lesquelles elle avait dû se cramponner au volant, lutter contre la route et combattre la fatigue mortelle qui la terrassait.

Or, elle s'était trompée au carrefour et il pleuvait. La nuit était tombée et elle était perdue sur une route étrange.

Mary jeta un coup d'œil à son rétroviseur et aperçut le reflet flou de son visage. La chevelure sombre et les traits réguliers étaient toujours pareils, mais le sourire avait disparu et ses lèvres charnues étaient tellement serrées qu'elles ne formaient plus qu'une ligne étroite. Où et quand avait-elle vu cette expression tendue et déformée ?

Dans le miroir après la mort de maman, lorsque tu t'es écroulée...

Et maintenant aussi, elle s'était crue calme, froide et tranquille. Elle n'avait pas eu conscience d'éprouver de la peur, du regret, ou un sentiment de culpabilité. Mais le miroir ne mentait pas. A l'instant il venait de lui dévoiler la vérité.

Silencieusement, il lui disait de s'*arrêter. Tu ne peux pas tomber dans les bras de Sam avec une tête pareille, surgissant de la nuit avec ce visage et ces vêtements qui dénoncent ta fuite précipitée. Bien sûr, tu diras que tu voulais lui faire la surprise de la bonne nouvelle mais pour cela, il faudrait que tu aies l'air heureux de quelqu'un qui ne peut pas attendre.*

Ce qu'il fallait faire, c'était de passer la nuit quelque part, se reposer sagement et arriver à Fairvale demain matin, fraîche et dispose.

Si elle faisait demi-tour et revenait au carrefour où elle s'était trompée, elle se retrouverait sur la grand-route où il y aurait certainement un motel.

Mary hocha la tête en signe d'affirmation, résista au désir de fermer les yeux, puis se redressa nerveusement pour examiner le bord de la route à travers l'obscurité balayée par la pluie.

C'est alors qu'elle aperçut l'enseigne de l'allée de traverse qui indiquait la petite maison construite sur le côté.

Motel — chambres libres. L'enseigne n'était pas éclairée mais c'était peut-être un oubli. Elle avait bien oublié, elle, d'allumer ses phares quand la nuit était brusquement tombée.

Mary y pénétra et remarqua que tout le motel était dans l'obscurité, y compris la pièce vitrée qui servait certainement de bureau. Peut-être était-ce fermé. Elle ralentit, risqua un coup d'œil, puis sentit que ses pneus traversaient un câble qui déclenchait un signal électrique. A présent, elle voyait la maison à flanc de coteau derrière le motel ; les fenêtres étaient éclairées et c'était là probablement que se tenait le propriétaire. Il allait arriver d'un instant à l'autre.

Elle coupa le moteur et attendit. Elle entendit alors le bruit monotone de la pluie et le vent qui soupirait derrière elle. Il pleuvait comme ça le jour où sa mère a été enterrée, le jour où on a descendu le cercueil dans cet affreux rectangle d'ombre. Et elle se retrouvait dans cette même ombre qui se levait autour d'elle, seule dans la nuit. L'argent ne lui serait d'aucun secours et Sam non plus, parce qu'elle s'était trompée au carrefour et qu'elle se trouvait sur cette route bizarre. Mais que faire ? Elle avait creusé sa tombe et il ne lui restait plus maintenant qu'à s'y étendre.

Pourquoi pensait-elle à cela ? Il ne s'agissait pas d'une *tombe* mais d'un *lit*.

Elle était encore en train d'essayer de résoudre cette énigme lorsqu'une grande ombre émergea de l'ombre environnante et ouvrit la porte de sa voiture.

III

— Vous désirez une chambre ?

Mary se décida immédiatement dès qu'elle vit le gros visage à lunettes d'où sortait une voix hésitante et douce. Là, elle n'aurait pas d'ennuis.

Elle acquiesça et descendit de la voiture. Ses mollets lui faisaient mal tandis qu'elle le suivait jusqu'à la porte du bureau. Il l'ouvrit, entra dans la pièce et alluma.

— Excusez-moi de vous avoir fait attendre. Je me trouvais dans la maison, là-bas. Ma mère est souffrante.

Le bureau n'avait rien d'extraordinaire mais il y faisait chaud, sec et clair. Mary eut un frisson de reconnaissance et adressa un sourire à l'homme gras. Il se pencha sur le registre posé sur le comptoir.

— Le prix de nos chambres est de sept dollars

pour une personne seule. Voulez-vous en voir une d'abord ?

— Merci, c'est inutile.

Elle ouvrit rapidement son sac, en sortit un billet de cinq dollars et deux billets d'un dollar, les déposa sur le comptoir pendant qu'il lui tendait le registre et une plume.

Elle hésita un instant avant d'écrire : *Jane Wilson*, adresse : *San Antonio, Texas*. Elle ne pouvait faire autrement puisque sa voiture était immatriculée dans le Texas.

— Je vais chercher vos bagages, dit-il, en contournant le comptoir.

Elle sortit avec lui. L'argent était resté dans la boîte à gants, toujours dans la même grande enveloppe, entourée d'un large élastique. Le mieux était sans doute de le laisser où il se trouvait, de fermer la voiture à clef. Ainsi personne ne pourrait y toucher.

Norman porta les bagages jusqu'à la porte de la chambre voisine du bureau. La pièce risquait d'être bruyante mais ça n'avait pas d'importance : Mary voulait avant tout être à l'abri de la pluie.

— Quel sale temps, observa-t-il, en s'effaçant pour la laisser passer. Vous avez conduit longtemps ?

— Toute la journée.

Il tourna un bouton et la lampe de chevet brilla, projetant une lumière dorée. La pièce était simplement mais confortablement meublée ; elle remarqua le bac à douche dans la salle de bains attenante. Elle aurait préféré une baignoire mais elle saurait se contenter de ce qu'on lui offrait.

— Ça vous convient ?

Elle fit un signe de tête et demanda :

— Y a-t-il près d'ici un endroit où je pourrais avoir quelque chose à manger ?

— Voyons, laissez-moi réfléchir. Il y avait un bistrot où on servait de la bière et des sandwiches sur la route à quelque quatre kilomètres, mais je crois qu'il est fermé depuis qu'on a ouvert la nouvelle route. Moi, je vous conseille d'aller à Fairvale.

— C'est à combien d'ici ?

— A vingt-cinq kilomètres environ. Vous suivez la route jusqu'au panneau indicateur, vous tournez à droite et reprenez la grand-route tout droit pendans une quinzaine de kilomètres. Ça m'étonne que vous n'ayez pas pris ce chemin si vous allez vers le nord.

— Je me suis perdue.

Le gros homme soupira :

— C'est bien ce que j'ai pensé. On ne voit presque plus personne depuis que la nouvelle route a été mise en service.

Elle sourit d'un air absent. Il restait debout sur le seuil, pinçant les lèvres. Lorsqu'elle leva la tête pour rencontrer son regard, il baissa les yeux et se racla la gorge comme pour s'excuser.

— Euh... mademoiselle, j'étais en train de penser... Vous n'avez peut-être pas envie de faire l'aller et retour jusqu'à Fairvale par cette pluie. Je me préparais un petit en-cas quand vous êtes arrivée. Si vous voulez vous joindre à moi...

— Oh ! Je ne voudrais pas...

— Pourquoi pas ? Ça ne me dérange pas du tout. Ma mère est au lit et elle ne fera pas de cuisine ce soir. J'allais prendre quelques sandwiches et un peu de café. Si ça vous convient...

— Dans ce cas...

— Alors, je vais rentrer et préparer à dîner.

— Merci beaucoup, monsieur...

— Bates. Norman Bates.

En se reculant vers la porte, il se cogna l'épaule.

— Ecoutez, je vais vous laisser cette lampe-torche pour venir jusqu'à la maison. Je suppose que vous avez l'intention d'enlever ces vêtements mouillés et de vous changer.

Il s'en alla mais avant qu'il disparût, elle eut le temps d'apercevoir son visage qui rougissait. Pourquoi donc avait-il l'air *gêné* ?

Pour la première fois, depuis près de vingt-quatre heures, un sourire apparut sur le visage de Mary Crane. Elle attendit que la porte se refermât sur lui pour enlever sa jaquette. Elle posa son sac sur le lit, l'ouvrit et en sortit une robe imprimée. Elle la suspendit dans l'espoir qu'elle se défriperait, puis se rendit dans la salle de bains. Elle se rafraîchit un peu, se promettant de prendre une bonne douche plus tard. C'était ce dont elle avait besoin. D'une douche et de sommeil. Mais il fallait manger un peu d'abord. « Réfléchissons un instant, mon maquillage est dans mon sac et mon manteau bleu dans la grande valise... »

Un quart d'heure plus tard, elle frappait à la porte de la grande maison à flanc de coteau.

Une lampe unique brillait à la fenêtre du salon dont les volets n'étaient pas fermés mais le premier étage était mieux éclairé. Comme sa mère était malade, elle devait être là-haut.

Mary attendit, mais en vain, qu'on lui dise d'entrer. Il était sans doute au premier, lui aussi. Elle frappa de nouveau.

Entre-temps, elle scrutait le salon. Elle ne pouvait pas croire ce qu'elle voyait tout d'abord ; même en rêve elle n'aurait pu imaginer qu'un endroit comme celui-ci pût exister.

D'ordinaire, quand une maison est vieille, on voit aussitôt qu'on a voulu la transformer ou l'améliorer. Mais ce salon n'avait jamais été « modernisé » ; le papier à fleurs, les boiseries d'acajou sombres, lourdement sculptées, le tapis grenat, l'ameublement étouffant avec ses sièges à haut dossier et l'écran à feu articulé semblaient sortir tout droit de la « belle époque ». Pas le moindre poste de télévision pour faire une intrusion incongrue dans ce décor ; mais elle remarqua un vieux gramophone à manivelle sur une table-gigogne. Bientôt, elle entendit un chuchotement de voix et elle crut tout d'abord qu'il provenait du phonographe à pavillon. Puis elle se rendit compte que le bruit venait d'en haut, de la pièce éclairée.

Une fois encore, Mary frappa en se servant de l'extrémité de la lampe-torche. On devait l'avoir entendue car le bruit cessa subitement et elle perçut un son mat de pas. Un instant plus tard, elle vit M. Bates descendre l'escalier. Il vint ouvrir la porte et lui fit signe d'entrer.

— Excusez-moi, fit-il, j'étais en train d'installer ma mère dans son lit. Parfois, il lui arrive de ne pas être très commode.

— Elle est malade, n'est-ce pas ? Je ne voudrais pas la déranger.

— Oh, vous ne la dérangez pas. Elle va sûrement dormir sur ses deux oreilles.

M. Bates jeta un coup d'œil par-dessus son épaule et baissa la voix :

— En vérité, elle n'est pas malade. Elle n'est pas malade physiquement, je veux dire. Mais parfois, elle a de ces crises...

Il sourit en hochant la tête :

— Je vais prendre votre manteau pour l'accrocher. Venez par ici...

Elle le suivit le long d'un couloir dans le prolongement de l'escalier.

— J'espère que ça ne vous ennuie pas de dîner

dans la cuisine. Tout est prêt. Asseyez-vous. Je vais servir le café.

La cuisine était dans le style du salon. Elle était meublée de buffets vitrés aussi hauts que le plafond ; ils entouraient un évier archaïque muni d'une pompe à main. Dans un coin, il y avait un grand poêle à bois qui dégageait une bonne chaleur sympathique. Sur la longue table de campagne, s'étalait un agréable assortiment de saucissons, de fromages et de cornichons faits à la maison, disposés dans des assiettes de verre sur une nappe à carreaux rouge et blanc. Mary ne se sentait pas d'humeur à sourire devant ces bizarreries et même l'inévitable devise brodée à la main, accrochée au mur, semblait convenir à merveille : « *Que Dieu bénisse notre maison !* »

Amen.

C'était plus agréable en tout cas que d'être assise seule dans un crasseux petit café de province.

M. Bates remplit l'assiette de Mary.

— Mangez, ne m'attendez pas. Vous devez avoir faim.

Oui, elle *avait faim* et elle mangea de bon cœur. De si bon cœur qu'elle remarqua à peine que lui-même mangeait fort peu. Quand elle s'en rendit compte, elle se trouva légèrement gênée.

— Mais vous n'avez rien pris ! Je parie que vous aviez déjà dîné.

— Non. Simplement je n'ai pas grand-faim.

Il lui servit une deuxième tasse de café.

— Parfois ma mère me cause du souci.

De nouveau, sa voix baissa d'un ton et il parut s'excuser encore.

— Je crois que c'est de ma faute. Je ne sais pas très bien m'occuper d'elle.

— Vous vivez seuls ici tous les deux ?

— Oui, nous avons toujours été seuls, toujours.

— Ça doit vous peser.

— Je ne me plains pas. Ne vous méprenez pas sur ce que je vous dis.

Il ajusta ses lunettes.

— J'ai perdu mon père lorsque j'étais tout petit. Ma mère est restée seule, il lui a fallu s'occuper de moi. Elle avait suffisamment d'argent pour nous faire vivre jusqu'à ce que j'aie atteint l'âge d'homme. Puis, elle a hypothéqué la maison, vendu les terres et fait construire ce motel. On s'en est occupé tous les deux et ça marchait bien. Malheureusement la nouvelle route est en train de nous ruiner. A vrai dire, il y a déjà un moment que ma mère décline et c'est à moi maintenant de prendre soin d'elle. Mais ce n'est pas toujours commode.

— Vous n'avez pas d'autres parents ?

— Non, personne.

— Et vous ne vous êtes jamais marié ?

Il rougit et regarda la nappe à carreaux.

Mary se mordit les lèvres.

— Excusez-moi, je n'avais pas l'intention de

vous poser des questions indiscrètes.

— Ça ne fait rien.

Sa voix était faible.

— Je ne me suis jamais marié. Maman avait de curieuses idées à ce propos. Je ne me suis même jamais trouvé à table avec une jeune fille comme ce soir.

— Mais...

— Ça a l'air drôle, n'est-ce pas, surtout de nos jours. Je le sais bien, mais c'était inévitable. Je me dis que sans moi elle serait perdue... Mais la vérité c'est peut-être que je serais encore plus perdu sans elle.

Mary finit sa tasse de café, sortit des cigarettes de son sac et en offrit une à M. Bates.

— Non, merci, lui répondit-il, je ne fume pas.

— Ça ne vous gêne pas ?

— Pas du tout.

Il hésita.

— J'aimerais bien vous offrir un alcool mais, vous savez, ma mère est contre les boissons alcoolisées et il n'en entre pas une bouteille à la maison.

Mary se renversa en arrière et aspira une longue bouffée. Tout à coup, elle se sentit prête aux confidences. Curieux ce qu'un peu de chaleur, de repos, de nourriture peuvent faire. Une heure auparavant, elle était solitaire, malheureuse, et atrocement désemparée. Maintenant tout avait changé. C'est peut-être parce qu'elle avait écouté M. Bates que son humeur s'était transformée. C'était lui qui, en vérité, était solitaire, malheureux, et désemparé. Par opposition, elle se savait sûre d'elle et c'est pourquoi elle avait envie de parler.

— Vous n'avez le droit ni de fumer, ni de boire, ni de sortir avec des filles. Alors *à quoi passez-vous le temps* en dehors du motel et de votre mère ?

Visiblement, il ne remarqua pas le ton de sa voix.

— Oh, j'ai des tas de choses pour m'occuper, je vous assure. Je lis pas mal. Et j'ai d'autres passe-temps.

Il leva les yeux vers une planche pendue au mur et elle suivit son regard. Un écureuil empaillé les observait.

— Vous chassez ?

— Non. Je fais de la taxidermie. George Blount m'a donné cet écureuil à empailler. C'est lui qui l'a tué. Mère ne veut pas que je manie des armes à feu.

— Monsieur Bates, excusez-moi de vous parler de la sorte, mais combien de temps avez-vous l'intention de continuer à vivre de cette façon ? Vous êtes un homme. Il faut vous rendre compte que vous ne pouvez pas vous comporter comme un petit garçon jusqu'à la fin de vos jours. Je n'ai pas l'intention d'être impolie mais...

— Je comprends très bien et je me rends parfaitement compte de la situation. Comme je vous l'ai dit, j'ai pas mal lu. Je sais ce que disent les psychiatres sur ce genre de choses. Mais j'ai un devoir à remplir vis-à-vis de ma mère.

— Ne pensez-vous pas que vous rempliriez aussi bien ce devoir vis-à-vis d'elle et vis-à-vis de vous-même si vous la mettiez dans... dans un asile ?

— *Elle n'est pas folle.*

La voix n'était plus si douce, ni chargée d'excuses. Elle était haute et aiguë. Le gros homme s'était dressé sur ses pieds, et de ses mains il balayait une tasse posée sur la table. Elle se brisa sur le sol mais Mary ne la regarda pas : elle avait les yeux fixés sur le visage ravagé.

— Elle n'est pas folle, répéta-t-il. Quoi que vous puissiez penser ou quoi que les autres puissent penser. Quoi que disent les livres ou quoi que disent les docteurs sur les asiles. Je sais comment ça se passe. Ils déclareraient immédiatement qu'elle est démente et ils l'enfermeraient s'ils le pouvaient... Je n'aurais qu'un mot à leur dire. Mais je ne le ferai pas parce que *je sais*. Comprenez-vous ? *Je sais* et eux ils ne savent pas. Ils ne savent pas comment elle a pris soin de moi alors que nous étions tout seuls, comment elle a travaillé et souffert pour moi. Ils ignorent les sacrifices qu'elle a faits. Si elle est un peu bizarre à présent, c'est de ma faute. J'en suis responsable. Le jour où elle est venue me trouver pour me dire qu'elle désirait se remarier, c'est moi qui l'en ai empêchée. Oui, je l'en ai empêchée : c'est moi le coupable. Vous n'avez pas besoin de me parler de la jalousie, de l'instinct de propriété, etc. J'ai été bien pire qu'elle ne l'a jamais été. J'ai été dix fois plus fou qu'elle si c'est ce mot que vous voulez employer. Je serais enfermé en moins de temps qu'il n'en faut pour le dire si on savait les choses que j'ai dites et faites, la manière dont je me suis conduit. Moi, je m'en suis tiré finalement. Elle pas. Mais qui êtes-vous pour dire qu'une personne devrait être enfermée ? Je crois que nous sommes tous un peu fous par moments.

Il s'arrêta, non pas parce qu'il était à court de mots, mais parce qu'il était à bout de souffle. Son visage était très rouge et ses lèvres plissées commençaient à trembler.

Mary se leva.

— Je suis, je suis désolée, murmura-t-elle doucement. Oui, c'est vrai... Je vous prie de m'excuser. Je n'avais pas le droit de parler ainsi.

— Je sais, mais ça n'a pas d'importance. Seulement, voyez-vous, je n'ai pas l'habitude de parler de ces choses. On vit seul et tout stagne au fond de soi, comme au fond d'une bouteille, ou dans le corps de cet écureuil empaillé.

Ses joues reprirent une couleur plus normale et il tenta de sourire :

— C'est un gentil petit animal, hein ? J'ai souvent souhaité en avoir un vivant, que je pourrais dresser et aimer.

Mary ramassa son sac.

— Je vais m'en aller maintenant. Il se fait tard.

— Je vous en prie, ne partez pas. Excusez-moi d'avoir fait toutes ces histoires.

— Ce n'est pas ça, mais je suis vraiment fatiguée.

— J'espérais que peut-être nous pourrions encore un peu bavarder ? J'allais vous parler de mes passe-temps. J'ai une sorte d'atelier en bas, au sous-sol.

— J'aurais bien aimé le voir mais j'ai besoin de prendre quelque repos.

— Bon. Dans ce cas, je vais vous accompagner. Je vais fermer le bureau car je ne crois pas qu'il y aura d'autres clients ce soir.

Ils traversèrent le vestibule et il l'aida à enfiler son manteau. Il était maladroit et, pendant un instant, elle fut irritée par cette maladresse. Puis, soudain, elle en comprit la cause : il avait peur de la toucher ! Oui, c'était ça. Le pauvre type : il avait effectivement peur de s'approcher d'une femme !

Il tenait la lampe électrique, et elle marchait derrière lui. Ils sortirent de la maison, descendirent le petit chemin et suivirent l'allée sablée qui contournait le motel. La pluie s'était arrêtée mais la nuit était toujours sombre et sans étoiles. Avant de disparaître derrière le coin de la bâtisse, elle jeta un coup d'œil à la maison par-dessus son épaule. La lumière du premier étage brûlait toujours et Mary se demanda si la vieille femme était éveillée, si elle avait écouté leur conversation et entendu l'explosion finale.

M. Bates s'arrêta devant la porte de Mary, attendit qu'elle ait mis la clef dans la serrure et qu'elle l'ait ouverte.

— Bonne nuit, dit-il, dormez bien.

— Merci. Et merci pour votre hospitalité.

Sa bouche s'entrouvrit mais il se détourna prêt à s'en aller. Pour la troisième fois ce soir, elle le vit rougir.

Alors elle ferma sa porte au verrou. Elle entendit les pas qui s'éloignaient et la porte du bureau voisin qui claquait.

Elle ne l'entendit pas partir car elle était trop occupée à déballer ses affaires. Elle sortit son pyjama, ses pantoufles, un pot de crème à démaquiller, sa brosse à dents et sa pâte dentifrice. Puis, elle fouilla dans sa grande valise, cherchant la robe qu'elle mettrait le lendemain pour rencontrer Sam. Il fallait la suspendre pour qu'elle se défripe. Tout devait être en ordre le lendemain.

Tout devait être en ordre...

Subitement, elle eut l'impression d'avoir rapetissé. Voyons, comment le changement avait-il pu être aussi rapide ? Cela n'avait-il pas commencé quand M. Bates avait eu sa crise, là-bas dans la maison ? Qu'avait-il dit qui l'avait à tel point mise à plat ?

Je crois que nous sommes tous un peu fous par moments.

Mary Crane débarrassa un coin du lit et s'assit.

Oui. C'était vrai. Nous sommes tous un peu fous par moments. Comme elle était devenue folle, hier après-midi, quand elle avait vu l'argent sur le bureau.

Et depuis ce moment, la folie ne l'avait pas quittée. Oui, elle avait dû être folle pour croire qu'elle pourrait se tirer d'affaire grâce à ce qu'elle avait manigancé. Il lui semblait vivre un rêve qui se réalisait. Et c'était exact. Un rêve. Un rêve fou. Elle le savait à présent.

Peut-être qu'elle pourrait parvenir à semer la police. Mais Sam poserait des questions. Qui donc était ce parent dont elle avait hérité ? Où avait-il vécu ? Pourquoi ne lui avait-elle jamais parlé de lui auparavant ? Comment se faisait-il qu'elle apportait tout cet argent en espèces ? M. Lowery n'avait-il rien dit quand elle l'avait quittée sans préavis ?

Et puis il y avait Lila. Supposons qu'elle réagisse comme Mary l'avait prévu, c'est-à-dire qu'elle vienne la voir sans avertir la police et qu'elle consente même à garder le secret à cause de ce qu'elle devait à sa sœur. Il n'en restait pas moins vrai qu'elle *saurait*. Et il y aurait des complications.

Tôt ou tard, Sam voudrait aller lui rendre visite, ou bien il déciderait de l'inviter chez eux. Et ça ne marcherait jamais. Car elle ne pourrait jamais dans l'avenir conserver des relations avec sa sœur ; elle ne pourrait jamais expliquer à Sam pourquoi c'était impossible ni pourquoi elle ne pourrait jamais retourner au Texas, fût-ce pour un séjour très court.

Non, toute cette aventure était une folie.

Et il était trop tard à présent pour y changer quoi que ce soit.

Mais, au fait, *était-il vraiment trop tard ?*

Si, par exemple, elle se couchait tout de suite et dormait pendant dix heures ? Demain, c'était dimanche. En admettant qu'elle parte du motel vers neuf heures et qu'elle roule sans s'arrêter, elle pourrait être de retour chez elle le lundi à l'aube. Avant même que Lila ne soit rentrée de Dallas, avant même que la banque n'ouvre. Elle pourrait déposer l'argent et de là se rendre à son bureau.

Bien sûr, elle serait morte de fatigue. Mais ça ne la tuerait pas et personne ne saurait rien.

Evidemment, restait la question de la voiture. Il faudrait donner quelques explications à Lila. Peut-être qu'elle pourrait lui dire qu'elle avait eu l'intention de se rendre à Fairvale, pour y surprendre Sam pendant le week-end. La voiture était tombée en panne et elle avait dû la faire remorquer. Le garagiste avait prétendu qu'il lui fallait un moteur neuf, alors elle avait décidé de s'en débarrasser et de prendre à sa place cette vieille bagnole pour rentrer.

Oui, ça paraîtrait logique.

En faisant ses comptes, elle comprit que ce voyage lui aurait coûté environ sept cents dollars. C'était ce que valait la voiture.

Mais ce prix valait d'être payé. Sept cents dollars, ce n'est pas trop pour s'offrir la santé de l'esprit, la sécurité du présent et celle de l'avenir.

Mary se leva.

Sa décision était prise.

C'est alors qu'elle se sentit grandir. Comme c'était simple !

Si elle avait cru en Dieu, elle aurait prié. Tels que les événements se présentaient, elle éprouvait un curieux sentiment de... (elle hésita avant de trouver le mot)... prédestination. Comme si tout ce qui était arrivé était en quelque sorte *prévu par le destin*. Son erreur au carrefour, son arrivée au motel, sa rencontre avec cet homme pathétique, son explosion dont elle avait été le témoin, les dernières phrases qu'il avait prononcées et qu'elle avait écoutées, ce qui l'avait fait revenir à la raison.

Pendant un instant, elle eut presque envie de se précipiter vers lui pour l'embrasser, mais, en riant nerveusement, elle se rendit compte des conséquences qu'aurait pu avoir un tel geste. Ce pauvre type, il aurait bien été capable de s'évanouir !

Elle rit encore. Il lui était agréable de se sentir grandie. Mais il restait à savoir si elle tiendrait sous la douche ? Car c'était ce qu'elle allait faire sur-le-champ : prendre une bonne et longue douche bien chaude. Elle allait se débarrasser de la saleté qui lui collait à la peau et à l'âme. *Il faut que tu sois blanche, Mary, blanche comme la neige.*

Elle pénétra dans la salle de bains, jeta ses chaussures, se pencha pour enlever ses bas. Puis elle leva ses bras, passa sa robe au-dessus de sa tête, la lança dans la pièce voisine. Le vêtement manqua le lit mais Mary ne s'en soucia pas. Elle défit son soutien-gorge, le fit tournoyer dans les airs. A présent, c'était au tour de la culotte...

Elle resta debout devant le miroir accroché contre la porte et s'évalua. Son visage était peut-être celui d'une fille de vingt-sept ans, mais son corps était blanc, gracile et ne paraissait pas avoir plus de vingt et un ans. Elle avait un joli corps. Un sacré joli corps. Il plairait à Sam et elle eût voulu qu'il soit là en ce moment pour l'admirer. C'était infernal d'être obligé d'attendre encore deux ans. Mais ensuite elle rattraperait le temps perdu. On dit qu'une femme n'a pas atteint sa pleine maturité, sexuellement parlant, tant qu'elle n'a pas trente ans. voilà une question à laquelle il faudrait qu'elle cherche une réponse.

Mary rit encore une fois, puis exécuta un saut d'amateur suivi d'une grimace, envoya un baiser à son reflet et en reçut un en retour. Après quoi, elle se mit sous la douche. L'eau était brûlante et elle dut faire couler le robinet d'eau froide. Finalement, elle ouvrit à fond les deux robinets et laissa le jet chaud tomber sur elle.

Le grondement était assourdissant et la pièce commençait à s'emplir de vapeur.

C'est pourquoi elle n'entendit pas la porte s'ouvrir et elle ne perçut pas le bruit de pas. Au premier abord, quand les rideaux de la douche s'écartèrent, la vapeur obscurcit le visage qui venait d'apparaître.

Puis elle le *vit* là, distinctement, près d'elle : ce n'était qu'un visage posé entre les rideaux, comme suspendu dans l'air, tel un masque. Une écharpe roulée autour de la tête en cachait les cheveux et les yeux vitreux avaient un regard inhumain. Mais ce n'était pas un masque. Ce ne pouvait pas être un masque. La peau, couverte de poudre, était d'une blancheur mortelle et deux ronds rouges étaient dessinés sur les pommettes. Ce n'était pas un masque. C'était le visage d'une vieille femme folle.

Mary se mit à crier. Alors les rideaux s'écartèrent davantage et une main apparut armée d'un couteau de boucher. Ce fut ce couteau qui, un instant plus tard, mit fin à son cri.

Et à sa vie.

IV

Dès que Norman entra dans le bureau, il se mit à trembler. C'était la réaction, bien sûr. Trop de choses étaient survenues et trop vite. Il ne pouvait en supporter davantage : il étouffait.

Il étouffait. C'était ça et il avait besoin d'alcool. Naturellement, il avait menti à la jeune fille. Sa mère ne permettait pas qu'il y ait de l'alcool dans la maison mais lui, il *buvait*. Il gardait une bouteille ici, dans le bureau. Il y a des moments où il faut boire même quand on sait que l'estomac ne supporte pas la boisson, même si quelques gouttes suffisent à vous étourdir, à vous faire défaillir. Il y a des moments où l'on *veut* défaillir.

Norman se souvint qu'il fallait tirer les stores vénitiens et éteindre l'enseigne lumineuse à l'extérieur. Voilà, c'était fait. Fermé pour la nuit. Personne ne remarquerait la lumière diffuse de la lampe de bureau à présent que les stores étaient baissés. Personne ne regarderait à l'intérieur pour le voir ouvrir le tiroir du bureau et en sortir la bouteille, tandis que sa main tremblait comme celle d'un bébé. *Bébé veut son biberon.*

Il renversa le flacon en arrière et but en fermant les yeux. Le whisky le brûlait, c'était agréable. Puisse cette brûlure consumer toute son amertume. La chaleur descendit dans sa gorge, éclata dans son estomac. Peut-être qu'une autre gorgée le brûlerait plus encore et ferait disparaître ce goût de peur.

Il avait commis une faute en invitant la jeune fille dans la maison. Norman l'avait su au moment même où il ouvrait la bouche mais elle était si jolie et elle avait l'air si fatiguée, si perdue. Il savait ce que c'était que d'être fatigué et perdu, sans personne pour vous réconforter, sans personne pour vous comprendre. Tout ce qu'il avait voulu faire, et tout ce qu'il avait fait, c'était de lui parler d'abondance. En outre, la maison était *à lui*, n'est-ce pas ? Tout autant qu'à sa mère. Elle n'avait pas le droit d'imposer sa loi de cette façon.

Néanmoins, il avait commis une faute. En fait il n'aurait jamais osé s'il n'avait été dans une telle colère contre elle. Ce qu'il avait voulu, c'était la défier. Et c'était un tort.

Mais son tort avait été plus grand d'avoir invité la jeune fille. Il était retourné à la maison pour dire à sa mère qu'il avait un hôte. Il s'était dirigé tout droit vers la chambre et le lui avait annoncé, lui disant même :

— Et tu n'oseras rien faire...

C'était ce qu'il ne fallait pas dire. Elle était déjà assez montée contre lui. Quand elle apprit qu'une jeune fille venait dîner avec lui, elle eut presque une crise de folie. Elle *était* folle, s'il en jugeait à la manière dont elle s'était comportée. Elle était même allée jusqu'à le menacer :

— Si tu l'amènes ici, je la tuerai. Je la tuerai, cette chienne !

Chienne ! Ce n'était pourtant pas un mot que sa mère employait. Mais pourtant elle l'employa. Elle était malade, très malade. Cette fille avait probablement raison. Il aurait peut-être fallu que sa mère quitte la maison. Les choses étaient arrivées à un tel point qu'il se demandait si seul il pourrait continuer à s'occuper d'elle. Et s'il pourrait même continuer à s'occuper de lui. Que disait donc sa mère de la façon dont il s'occupait de lui-même ? Que c'était un péché, qu'il se consumerait en enfer.

Le whisky le brûlait. C'était son troisième verre, mais il en avait drôlement besoin. Il avait besoin d'un tas de choses. Pour ça aussi, elle avait raison. Ce n'était pas une façon de vivre. Il ne pourrait pas continuer ainsi longtemps.

Le repas à lui seul avait été une rude épreuve. Il avait eu peur que sa mère fasse une scène. Après avoir fermé sa porte à clef et l'avoir abandonnée, il s'était demandé si elle allait se mettre à crier et à cogner. Mais elle s'était tenue tranquille, presque trop tranquille. On aurait dit qu'elle écoutait. C'était sans doute ce qu'elle avait fait. Sa mère était quelqu'un qu'on pouvait enfermer mais qu'on ne pouvait pas empêcher d'écouter.

Norman espérait qu'elle dormait maintenant. Demain, elle aurait peut-être oublié toute cette histoire. Ce qui arrivait souvent. Mais en vérité, il arrivait aussi l'inverse. Parfois, il croyait qu'elle avait complètement oublié un incident, mais elle le lui ressortait des mois plus tard, en toute sérénité.

En toute sérénité. Cette phrase le fit ricaner. Il n'y avait plus de sérénité possible. Mais des nuages et de l'obscurité, comme cette nuit.

Il entendit un bruit et sursauta sur sa chaise. Etait-ce sa mère qui venait ? Non, ce n'était pas possible, il se souvenait bien l'avoir enfermée. Ce devait être la jeune fille dans la chambre voisine. Oui, il l'entendait à présent : elle avait ouvert sa valise et, sans doute, en sortait des vêtements, s'apprêtant à se mettre au lit.

Norman but encore. Pour se calmer les nerfs. Et cette fois, ça réussit. Sa main ne tremblait plus. Il n'avait pas peur. Du moins pas quand il pensait à la jeune fille.

C'était curieux. Quand il l'avait vue, il avait eu ce terrible sentiment de... comment dit-on ? Quelque chose qui commence par *im ! Im*portance.

Non, ce n'était pas ça. Il n'avait pas l'impression d'être important quand il était avec une femme. Il se sentait... *im*possible ? Ce n'était pas exactement ça. Il connaissait le mot qu'il cherchait, il l'avait lu des centaines de fois dans des livres, de ces livres dont la mère ignorait la présence dans les mains de son fils.

Bon, ça ne faisait rien. En face de la jeune fille, il s'était senti ainsi, mais pas maintenant. Maintenant, il aurait pu faire n'importe quoi.

Et il avait tant de choses qu'il aurait voulu faire avec une fille pareille. Jeune, jolie, et intelligente aussi. Il s'était rendu ridicule en lui répondant comme il l'avait fait lorsqu'elle lui avait parlé de sa mère. Il devait d'ailleurs admettre qu'elle lui avait dit la vérité. Elle savait, elle pouvait comprendre. Il aurait souhaité qu'elle reste plus longtemps pour lui parler davantage.

Il ne la reverrait peut-être jamais. Demain, elle serait partie ; partie pour toujours. Jane Wilson, de San Antonio, Texas. Il se demandait qui elle était, où elle allait, quel genre de *personne* elle était en réalité au plus profond d'elle-même. Il pourrait tomber amoureux d'une fille comme ça. Oui, bien que ne l'ayant vue qu'une fois seulement. Il n'y avait pas de quoi rire. Mais elle rirait sans doute. C'est ainsi que sont les filles, elles rient toujours. Parce que ce sont des chiennes.

« Mère avait raison. Ce sont des chiennes. Mais

qu'y faire ? Surtout quand une chienne est aussi adorable que celle-ci et qu'on sait qu'on ne la reverra jamais.

» Il *faut* que tu la revoies. Si tu avais été un homme, un vrai, tu le lui aurais dit quand tu étais dans sa chambre. Tu aurais apporté du whisky et vous auriez bu ensemble. Puis tu l'aurais portée sur son lit et...

» Non, tu ne l'aurais pas fait, pas *toi*. Parce que tu es impuissant.

» Le voilà le mot que tu ne pouvais pas te rappeler, n'est-ce pas ? *Impuissant*. Ce mot qu'on trouve dans les livres, que mère employait, ce mot qui signifiait que tu ne la reverras jamais parce que ça ne servirait à rien. Ce mot que les chiennes connaissent : elles « savent » sans aucun doute, et c'est pourquoi elles rient toujours de toi. »

Norman but encore, mais juste une gorgée. Il sentit un filet humide lui dégouliner le long du menton. Il devait être saoul. Et alors ? Il était saoul. Quelle importance, puisque sa mère ne le savait pas ? Puisque la jeune fille ne le savait pas. Tout ça était entièrement secret. Ah, il était impuissant ? Et alors, ça ne voulait pas dire qu'il ne pouvait pas la revoir.

Il irait la revoir, et tout de suite.

Norman se pencha en avant au-dessus du bureau, et sa tête inclinée touchait presque le mur. Il entendit d'autres bruits et sa longue expérience lui permettait de les interpréter. La fille se déchaussait en lançant ses souliers. Maintenant, elle allait entrer dans la salle de bains.

Il étendit la main. Elle tremblait de nouveau, mais pas de peur. Il savait ce qu'il allait faire : il vivait le plaisir de l'attente. Il allait déplacer sur le mur la licence encadrée et regarder par le petit trou qu'il avait percé depuis fort longtemps. Personne ne connaissait l'existence de ce trou, pas même sa mère. Et surtout pas sa mère. C'était son secret à lui.

De l'autre côté, ce petit trou n'était qu'une fissure dans le plâtre, mais c'était suffisant pour qu'il puisse voir. Voir dans la salle de bains éclairée. Quelquefois il avait la chance de surprendre une femme, debout juste en face de lui. Quelquefois il avait la chance d'apercevoir son image dans la glace qui recouvrait la porte. Mais il pouvait voir, et voir beaucoup. Les chiennes pouvaient rire de lui. Il en savait plus sur leur compte qu'elles n'auraient jamais pu l'imaginer.

Norman eut de la peine à voir distinctement. Il avait chaud et il était étourdi. Oui, il avait chaud et il était étourdi. En partie à cause de l'alcool, en partie à cause de son excitation. Mais surtout à cause d'elle.

Maintenant, elle était dans la salle de bains, debout, face au mur. Mais elle ne remarquerait pas la fissure. (Elles ne s'en apercevaient jamais.) Elle souriait, en faisant bouffer ses cheveux. Elle se pencha pour faire glisser ses bras. Puis elle se redressa et — moment tant attendu — elle fit passer sa robe au-dessus de sa tête. Il voyait son soutien-gorge et sa culotte... Pourquoi qu'elle ne s'arrête pas à présent... qu'elle ne se détourne pas...

Mais elle se détourna et Norman faillit lui crier :

— Reviens, espèce de chienne !

Il se retint juste à temps, et il la vit alors dégrafer son soutien-gorge en face de la glace, et il *voyait*. Malheureusement le miroir ondulait sous la buée et la lumière, ce qui l'étourdissait. Il lui fut presque impossible de distinguer ses formes jusqu'au moment où elle fit un pas de côté. Alors il put la voir...

Elle allait l'enlever... elle l'*enlevait* et il pouvait tout voir car elle était debout devant le miroir, et elle faisait des *gestes* !

Est-ce qu'elle savait ? Est-ce qu'elle savait *tout* depuis le début ? Savait-elle qu'il y avait un trou dans le mur, savait-elle qu'il l'épiait ? Voulait-elle qu'il l'épie ? Se déshabillait-elle ainsi exprès, la chienne ? Elle se balançait d'avant en arrière, d'arrière en avant. Le miroir ondulait de nouveau sous la buée et elle aussi ondulait. Ce n'était plus supportable. Il avait envie de frapper le mur de ses poings, de lui crier d'arrêter parce qu'elle était diabolique et perverse. Il fallait qu'elle s'arrête avant qu'il ne devînt pervers et diabolique lui aussi.

C'est toujours ce qui arrive avec les chiennes : elles vous pervertissent. Elle n'était qu'une chienne. Elles le sont toutes. Sa mère était une...

Soudain elle disparut et seul, demeura le grondement de l'eau qui coulait, qui jaillissait en faisant trembler le mur, en noyant paroles et pensées. Cela venait de l'intérieur de sa tête et il retomba dans son fauteuil. « *Je suis saoul*, se dit-il. Je vais m'évanouir. »

Mais ça ne se passa pas tout à fait ainsi. Le grondement continuait et quelque part dans sa tête, il entendit un autre bruit. La porte du bureau s'ouvrit. Comment était-ce possible ? Il l'avait verrouillée, n'est-ce pas ? Et la clef était toujours dans sa poche. S'il avait seulement ouvert les yeux, il l'aurait vue. Mais il ne pouvait pas ouvrir les yeux. Il n'osait pas. Parce que maintenant il savait.

Sa mère avait une clef, elle aussi.

Elle avait la clef de sa chambre. Elle avait la clef de la maison. Elle avait la clef du bureau.

Et elle était là debout, en train de le regarder. Il espéra qu'elle le croirait endormi. De toute façon, que venait-elle faire ici ? L'avait-elle entendu partir avec la fille ? Etait-elle descendue pour l'espionner ?

Norman se renversa en arrière, sans oser bouger, sans vouloir bouger. Et même s'il l'avait voulu, bouger devenait de plus en plus difficile. Le grondement prenait une cadence régulière et la vibration l'endormait. C'était agréable. Etre bercé et s'endormir sous l'œil de sa mère...

Soudain elle disparut. Elle était partie sans mot dire. Il n'y avait pas lieu d'avoir peur. Elle était venue pour le protéger des chiennes. Oui, c'était sûrement la raison. Elle était venue pour le protéger. Chaque fois qu'il avait besoin d'elle, sa mère était auprès de lui. Maintenant, il pouvait s'endormir. On ne lui avait pas tendu de piège. Au grondement avait succédé le silence. *Dormir, dormir dans le silence.*

Norman revint à lui en sursautant et secoua la tête. Mon Dieu, quelle migraine ! Il avait perdu conscience, assis sur cette chaise. Rien d'étonnant qu'il ait entendu cogner et gronder. *Gronder.* Il se rappela avoir entendu ces mêmes bruits. Il y avait combien de temps : une heure, deux heures ?

Maintenant il les reconnaissait. La douche coulait toujours de l'autre côté. Oui. Bien sûr. La fille était allée sous la douche mais il y avait déjà longtemps. Elle ne pouvait *plus* y être à présent, n'est-ce pas ?

De la main il déplaça la licence dans son cadre. Ses yeux louchèrent puis se fixèrent sur la salle de bains brillamment éclairée. Elle était vide. Il ne pouvait voir à l'intérieur de la douche. Les rideaux étaient tirés : impossible de voir.

Elle avait peut-être été se coucher en oubliant de fermer les robinets. Cela semblait bizarre qu'elle puisse dormir avec ce bruit assourdissant, mais c'est bien ce qui venait de lui arriver. La fatigue est sans doute aussi grisante que l'alcool.

En tout cas, il ne devait rien y avoir de grave. La salle de bains était en ordre. Norman l'examina encore une fois et remarqua le sol.

L'eau de la douche ruisselait le long des carrelages. Fort peu à vrai dire mais assez pourtant pour qu'il l'aperçût. Un mince filet d'eau sur le carrelage blanc.

Etait-ce bien de l'eau ? L'eau n'est pas *rose*. Il n'y a pas de filets rouges dans l'eau pure, de minces filets rouges comme des artères.

Elle a dû glisser, elle a dû tomber et se blesser, décida Norman. L'affolement montait en lui, mais il savait ce qu'il devait faire. Il saisit ses clefs sur le bureau et sortit en courant. Il trouva rapidement celle qui ouvrait la porte adjacente. La chambre était vide, et sur le lit il aperçut la valise ouverte. La jeune fille n'était pas partie. Ainsi, il ne s'était pas trompé : un accident s'était produit dans la douche. Il allait y aller voir.

Ce fut seulement quand il eut pénétré dans la salle de bains qu'il se rappela quelque chose : c'était trop tard... La panique s'empara de lui, mais cela ne servirait à rien, car il ne cessa pour autant de se rappeler.

Sa mère avait aussi les clefs du motel.

Et lorsqu'il écarta les rideaux de la douche et

qu'il contempla cette pauvre chose tailladée, étendue sur le sol, il comprit que sa mère avait fait usage de ses clefs.

V

Norman ferma la porte à clef derrière lui et remonta vers la maison. Ses vêtements en désordre étaient souillés : ils étaient trempés et tachés de sang. De plus, il avait été malade et avait rendu dans toute la salle de bains.

Mais ça n'avait plus d'importance à présent. Il y avait un autre nettoyage auquel il fallait procéder. Et tout de suite.

Cette fois il allait agir et régler la question une fois pour toutes. Il allait mettre sa mère là où elle aurait dû être. Oui. Il le fallait.

L'affolement, la peur, l'horreur, les nausées qu'il avait éprouvés, tout cela l'obligeait à prendre cette résolution. Ce qui venait d'arriver était tragique, dramatique au-delà de toute expression, mais jamais ça ne se reproduirait. Il se sentait un homme nouveau. Un homme dont il était responsable.

Norman monta les marches quatre à quatre et poussa la porte d'entrée. Elle n'était pas verrouillée. La lumière dans le salon brûlait toujours, mais la pièce était vide. Il jeta un rapide coup d'œil puis grimpa les escaliers.

La porte de la chambre de sa mère était ouverte et la lampe éclairait l'entrée. Il entra sans se donner la peine de frapper. Inutile de continuer à jouer la comédie. Cette fois, elle ne s'en tirerait pas comme ça.

Elle ne s'en tirerait pas...

Mais si...

La chambre était vide.

Il voyait l'empreinte creusée dans le matelas là où elle avait reposé, les couvertures rejetées du lit à colonnes ; il sentait la vague odeur de moisi qui régnait encore. La chaise à bascule était immobile dans un coin, les bibelots posés sur la commode, toujours à la même place. Rien n'avait changé dans la chambre de sa mère, rien ne changeait jamais. Mais sa mère était partie.

Il se dirigea vers le placard, fourragea parmi les vêtements suspendus aux cintres accrochés le long de la tringle. Ici l'odeur était si âcre qu'il faillit presque étouffer, mais il en perçut aussi une autre. Il ne comprit d'où elle émanait que lorsqu'il baissa les yeux vers le sol parce que son pied avait glissé. Une des robes et une écharpe gisaient en boule sur le parquet. Il se baissa pour les ramasser, puis se mit à trembler violemment en remarquant les sombres taches de sang coagulé.

Donc elle était revenue ici. Oui, elle était revenue ici pour se changer et repartir.

Il ne pouvait pas prévenir la police.

Voilà ce qu'il fallait qu'il se rappelle : ne pas prévenir la police. Pas même à présent, bien qu'il sût ce qu'elle avait fait. Parce qu'elle n'était pas vraiment responsable. Elle était malade.

Tuer quand on est de sang-froid est une chose, mais la maladie en est une autre. On n'est pas véritablement un meurtrier quand on a la tête malade. Tout le monde le sait. Seulement parfois les tribunaux ne sont pas d'accord. Il avait lu des cas semblables. Même si on reconnaissait qu'elle n'était pas normale, on l'enfermerait. Pas dans une maison de repos, mais dans un de ces horribles endroits. Un asile.

Norman considéra avec attention la pièce bien rangée et démodée, tapissée de papier fleuri de roses grimpantes. Il ne pouvait pas séparer sa mère de tout cela et laisser la police l'enfermer dans une cellule nue. Pour le moment, il était tranquille : la police ne savait rien de sa mère. Elle habitait ici, dans la maison, et tout le monde l'ignorait. Il avait pu en parler à la jeune fille sans que cela tirât à conséquence puisqu'elle ne le reverrait jamais. Mais la police ne découvrirait rien sur sa mère. Sinon, on l'enverrait pourrir dans un trou et quoi qu'elle ait pu faire, elle ne méritait pas ça.

De toute façon, il ne lui arriverait rien parce que personne ne saurait ce qu'elle avait fait.

Il était à peu près sûr maintenant qu'il pourrait empêcher les gens d'apprendre ce qui s'était passé. Réfléchir, voilà tout ce qu'il fallait faire, réfléchir posément, calmement aux événements de la soirée.

La jeune fille était arrivée seule dans sa voiture après avoir conduit toute la journée. Cela voulait dire qu'elle ne s'était pas arrêtée en route pour rendre visite à quelqu'un. Et elle semblait ne pas savoir où se trouvait Fairvale. Elle n'avait mentionné aucune ville voisine. Donc il y avait de grandes chances pour qu'elle n'ait pas de rendez-vous par ici. Si quelqu'un l'attendait — en admettant que quelqu'un l'attende —, cette personne devait habiter plus au nord.

Bien sûr, ce n'étaient là que des suppositions mais qui semblaient assez logiques. Et il fallait bien qu'il courût le risque d'avoir raison.

Elle avait signé sur le registre, c'était évident, mais ça ne signifiait rien. Si on lui posait une question, il répondrait qu'elle avait passé la nuit et continué son voyage.

D'abord se débarrasser du corps et de la voiture, puis s'assurer que tout avait été bien nettoyé.

Cette partie du programme était facile. Il savait comment faire. Ce ne serait pas agréable mais par contre ce ne serait pas difficile. Et cela lui éviterait d'avertir la police. Cela sauverait sa mère.

Oh ! il avait bien l'intention de lui dire sa façon de penser. Il ne s'y déroberait pas. Non, pas cette fois. Mais ça pouvait attendre.

Avant tout : se défaire des preuves. Le *corpus delicti*.

La robe et l'écharpe de sa mère seraient brûlées ainsi que les vêtements qu'il portait. Non, en y réfléchissant, il pourrait se débarrasser de ces objets en même temps que du corps.

Norman fit un ballot des vêtements et il les emporta au rez-de-chaussée. Il décrocha une vieille chemise et une combinaison qui pendaient au portemanteau de l'entrée, les enfila dans la cuisine, après avoir enlevé ce qu'il portait sur lui. Inutile de se laver tout de suite : mieux valait attendre que cette sale besogne soit entièrement terminée.

Mais sa mère n'avait pas oublié de se laver quand elle était revenue. Il voyait des taches roses sur l'évier de la cuisine, quelques traces de poudre et de rouge.

Il nota mentalement qu'il lui faudrait tout nettoyer soigneusement dès son retour, puis il s'assit et transféra le contenu des poches du costume qu'il avait quitté dans celles de sa combinaison. Quel dommage de jeter un aussi bon vêtement. Mais il le fallait bien. Il fallait aider sa mère.

Norman descendit au sous-sol et ouvrit la porte de la réserve à fruits. Il trouva ce qu'il cherchait :

un panier en osier avec un couvercle. Il était assez grand et ferait proprement l'affaire.

Proprement ? Mon Dieu, comment peut-on penser de cette façon quand on va faire une chose pareille ?

Cette pensée le fit grimacer de douleur, puis il aspira longuement. Ce n'était pas le moment de faire preuve de conscience ou de se livrer à l'autocritique. Il fallait être pratique. Très pratique, très prudent, très calme.

Calmement, il jeta ses vêtements dans le panier. Calmement, il prit une vieille toile cirée sur la table près de l'escalier de la cave. Calmement, il remonta les marches, éteignit la lumière de la cuisine, éteignit la lumière de l'entrée, et sortit de la maison dans les ténèbres, portant le panier recouvert de la toile cirée.

C'était plus difficile de rester calme dans les ténèbres. Plus difficile de ne pas penser aux mille et une choses qui pourraient aller de travers.

Sa mère se promenait quelque part... où ? Etait-elle sur la grand-route, risquant de se faire surprendre par un quelconque automobiliste ? Etait-elle encore sous l'emprise de la folie ? Ebranlée par l'acte qu'elle venait de commettre, avouerait-elle la vérité à celui qui la rencontrerait ? S'était-elle réellement enfuie ou bien était-elle encore inconsciente ? Peut-être avait-elle traversé les bois derrière la maison et suivi l'étroite bande de terrain qui s'étendait jusqu'aux marais. Ne vaudrait-il pas mieux commencer par aller à sa recherche ?

Norman soupira et secoua la tête. Il ne pouvait s'offrir le luxe de courir ce danger. Non, pas tant que le cadavre demeurait sous la douche dans une chambre du motel. Le plus grand danger, c'était de le laisser là où il se trouvait.

Il eut la présence d'esprit d'éteindre toutes les lumières — celle du bureau et celle de la chambre — avant de partir. Mais même en prenant ces précautions, on ne pouvait pas savoir si un visiteur nocturne ne se présenterait pas pour demander une chambre. Ca ne se produisait pas souvent ; pourtant il arrivait parfois que la sonnerie retentît, parfois même à deux ou trois heures du matin. Et, en tout cas, au moins une fois par nuit la voiture de la police de la route passait dans le secteur. En général, elle ne s'arrêtait pas mais c'était quand même dans le domaine des possibilités.

Il trébucha dans la nuit sans lune. Le chemin caillouteux n'était pas boueux, mais derrière la maison la pluie avait dû ramollir le terrain. Il laisserait des empreintes. Il fallait encore y penser, car il ne pourrait pas voir les traces qu'il laisserait derrière lui. Si seulement la nuit n'avait pas été aussi sombre ! Et soudain il se rendit compte que le plus important, c'était sortir de l'obscurité.

Norman se sentit soulagé quand, après avoir ouvert la porte de la chambre, il put y déposer le panier et allumer la lumière. La douce lueur le rassura un peu, mais brusquement il comprit que la lumière signalerait son entrée dans la salle de bains.

Debout au milieu de la chambre, il se mit à trembler.

Non, je ne peux pas. Je ne peux pas la regarder. Je ne peux pas entrer dans cette salle de bains. Ce n'est pas possible.

Mais il le faut. Il n'y a pas autre chose à faire. Arrête de te tenir des discours.

Voilà ce qu'il y avait de plus important : ne plus se tenir ainsi des discours. Il lui fallait retrouver sa sérénité. Il lui fallait regarder la réalité en face.

Et qu'était la réalité ?

Une morte. Cette fille que sa mère avait tuée. Ni la vue, ni l'idée n'en était belle, mais c'était la réalité.

Ce n'est pas en s'enfuyant qu'il ressusciterait la morte. Et livrer sa mère à la police n'arrangerait rien non plus. Etant donné les circonstances, la meilleure chose à faire, la *seule* chose à faire, était de se débarrasser du corps. Il n'y avait aucune raison de se sentir coupable.

Mais il ne put retenir ni ses nausées, ni son malaise, ni son hoquet convulsif lorsqu'il dut pénétrer dans la cabine de douche et accomplir ce qu'il avait à faire. Presque immédiatement, il trouva le couteau de boucher ; il était sous le buste de la morte. Sur-le-champ, il fit tomber l'*horrible objet* dans le panier. Il y avait une vieille paire de gants dans la poche de sa combinaison ; il était plus sage de les enfiler avant de toucher au corps. Le pire, c'était la tête. Le reste du cadavre était encore entier et ne portait que des entailles. Il dut plier les membres afin de pouvoir envelopper le corps dans la toile cirée et le tasser dans le panier, au-dessus des vêtements. Quand il eut terminé, il referma le couvercle d'un coup sec.

Il lui restait encore à nettoyer la salle de bains et la cabine de douche. Mais il s'en occuperait lorsqu'il reviendrait.

Maintenant il lui fallait tirer le panier hors de la salle de bains. Une fois dans la chambre, il le lâcha pour fouiller le sac de la jeune fille où il trouva les clefs de la voiture. Il ouvrit lentement la porte, scruta la route afin de s'assurer qu'il ne passait pas de voiture. Rien... depuis des heures, rien n'était passé. La seule chose qu'il pût espérer, c'est que rien ne *passerait* à ce moment précis.

Il transpirait déjà, bien avant d'ouvrir le coffre pour y déposer le panier. C'était la peur et non pas la fatigue qui le faisait transpirer. Il y parvint pourtant. Puis il retourna dans la chambre, ramassa les vêtements qu'il jeta dans le sac de toilette et dans la grande valise posée sur le lit. Il trouva les chaussures, les bas, le soutien-gorge et la culotte. Le pire, ce fut de toucher le soutien-gorge et la culotte.

S'il n'avait eu l'estomac vide, il aurait de nouveau vomi. Mais son estomac était serré de peur, d'une peur qui faisait ruisseler la sueur sur sa peau brûlante.

Et ensuite ? Les serviettes à démaquiller, les épingles à cheveux, toutes les petites choses qu'une femme laisse traîner dans sa chambre. Oui, et son sac. Il contenait un peu d'argent mais il ne prit même pas la peine de regarder. Il ne voulait pas cet argent. Il voulait seulement se débarrasser de tout, et s'en débarrasser vite, tant que durerait sa chance.

Il déposa les deux valises dans la voiture, sur le siège avant. Ensuite, il ferma à clef la porte de la chambre. Il regarda encore une fois à droite et à gauche : la route était libre.

Norman mit le moteur en marche et alluma les phares. Se servir des phares, était pourtant le point dangereux. Mais pour passer à travers champ, il y était bien obligé. Il monta lentement le raidillon derrière le motel et le petit chemin qui conduisait à la maison. Un autre sentier menait à la vieille baraque qui avait été transformée en garage pour la Chevrolet de Norman.

Il passa en seconde et roula doucement sur l'herbe. Il était parvenu dans le champ et la voiture tressautait. Il savait que déjà une piste avait été tracée, il la retrouva. De temps à autre, Norman prenait sa voiture, suivait cette piste, gagnait les bois en bordure du marais pour y ramasser des branches mortes.

C'est ce qu'il ferait le lendemain, décida-t-il. Dès le matin, à la première heure. Il prendrait sa voiture et roulerait sur cette piste. Ainsi ses pneus recouvriraient la marque laissée cette nuit. Et au cas où ses empreintes de pas seraient visibles, cela servirait d'explication.

S'il lui *fallait fournir* une explication, bien sûr. Mais peut-être que sa chance durerait.

Elle dura assez longtemps pour lui permettre d'atteindre le bord du marais et accomplir ce qu'il avait à faire. Une fois là, il éteignit les phares et dans l'obscurité se mit à l'ouvrage. Ce n'était pas facile et il lui fallut beaucoup de temps pour parvenir à ses fins. Il démarra en marche arrière, sauta de la voiture et la laissa glisser dans le marais. Les traces sur le bord seraient visibles et il ne faudrait pas oublier de venir les effacer. Pour l'instant, ce n'était pas important. A condition que la voiture s'enfonce entièrement. Il vit la boue faire des bulles et recouvrir les roues. Mon Dieu, faites qu'elle disparaisse ! Si elle ne disparaissait pas, il ne pourrait jamais l'en ressortir. Il *faut* qu'elle disparaisse ! Les pare-chocs s'enfonçaient lentement, très lentement. Combien de temps Norman devrait-il attendre ainsi ? Il lui sembla que des heures s'étaient écoulées et pourtant la voiture était toujours visible. La vase avait gagné les poignées des portières, elle montait jusqu'aux glaces, jusqu'au pare-brise.

On n'entendait rien ; pas un son. La voiture continuait à glisser, centimètre par centimètre. Il ne voyait plus que le toit. Soudain, il entendit un bruit de ventouse, un *plouf* méchant et brusque ! La voiture avait disparu sous la surface du marais.

Norman en ignorait la profondeur en cet endroit. Il espérait simplement que la voiture continuerait à s'enfoncer. Profondément, très profondément afin que personne ne puisse jamais la trouver.

Il s'en alla en grimaçant. Enfin, voilà une chose de faite. La voiture était dans le marécage. Le panier dans le coffre arrière. Et le corps dans le panier. Ce corps au buste déformé et à la tête sanglante.

Mais il ne voulait pas y penser. Il ne *devait* pas y penser. Il avait d'autres choses à faire.

Ces choses, il les fit, il les fit presque automatiquement. Dans le bureau, il avait du savon et du détersif, une brosse et un seau. Il nettoya la salle de bains centimètre par centimètre, puis la cabine de douche. Aussi longtemps qu'il frotta le sol, ça n'alla pas trop mal bien que l'odeur le rendît malade.

Puis il inspecta encore une fois la chambre à coucher. La chance ne le quittait pas ; sous le lit, il trouva une boucle d'oreille. Au cours de la soirée, il n'avait pas remarqué qu'elle portait des boucles d'oreille. La jeune fille avait dû la perdre en se brossant les cheveux. Si ce n'était pas le cas, l'autre boucle devait se trouver quelque part. Norman avait les yeux rougis et fatigués, mais il fouilla partout avec soin. Impossible de mettre la main dessus. Donc, elle devait être soit dans ses bagages, soit demeurée à son oreille. De toute façon, c'était sans importance. Il lui suffirait de se débarrasser de celle-ci. Il la jetterait demain dans le marais.

Il ne lui restait plus qu'à s'occuper de la maison, et à nettoyer l'évier de la cuisine.

Il était presque deux heures à la pendule du grand-père quand il pénétra dans l'entrée. Il eut de la peine à conserver les yeux ouverts pendant qu'il lavait les taches de l'évier. Puis il enleva ses souliers boueux, se dépouilla de sa combinaison, se débarrassa de sa chemise et de ses chaussettes et se lava. Bien que l'eau fût froide comme de la glace, elle ne le ranima point. Son corps était engourdi.

Il retournerait le lendemain au marais en voiture, remettrait les mêmes vêtements, ainsi ça semblerait normal qu'ils soient sales et tachés de boue. A condition qu'il n'y ait de sang nulle part. Ni sur ses vêtements, ni sur son corps, ni sur ses mains.

Voilà. Il était propre maintenant. Ses mains étaient propres. Il avait la force de remuer ses jambes engourdies, de mener son corps engourdi par l'escalier jusqu'à la chambre, se laisser tomber sur le lit et de sombrer dans le sommeil. Avec des mains propres.

Mais lorsqu'il fut dans sa chambre, en enfilant

son pyjama, il se rappela que quelque chose n'allait pas.

Sa mère n'était pas revenue.

Sa mère se promenait toujours, Dieu seul savait où, au beau milieu de la nuit. Il fallait qu'il se rhabille et qu'il sorte pour la retrouver.

Ou... était-ce vraiment nécessaire ?

Dans son esprit, cette pensée s'insinua tout comme l'engourdissement s'insinuait en lui, envahissant ses sens, doucement, délicatement, dans le soyeux silence.

Pourquoi se tourmenterait-il, *lui*, pour sa mère, étant donné ce qu'elle avait fait ? Peut-être qu'on l'avait ramassée ou qu'on allait la ramasser. Peut-être dans un flot de bavardages, racontait-elle déjà ce qu'elle avait fait. Mais qui la croirait ? Il n'y avait pas de preuve, il n'y en avait plus. Quant à lui, il nierait tout. Il n'aurait peut-être même pas besoin d'en arriver là : ceux qui verraient sa mère et qui écouteraient son histoire insensée s'apercevraient qu'elle était folle. Alors, on l'enfermerait à double tour dans un endroit dont elle n'aurait pas la clef. Elle ne pourrait plus se sauver et ce serait la fin.

Il se rappelait ne pas s'être tenu ces propos-là au début de la soirée. Mais il avait totalement changé d'avis depuis qu'il était retourné dans la salle de bains, ouvert les rideaux de la douche et vu ces... *choses horribles*.

Voilà ce que sa mère avait fait, à lui. Voilà ce que sa mère avait fait à cette pauvre fille sans défense. Elle s'était armée d'un couteau de boucher pour larder et taillader... seul un fou était capable de commettre une telle atrocité ! Il fallait voir les choses en face. Elle *était* folle. Elle *méritait* d'être enfermée, elle *devrait* être enfermée, pour sa propre sécurité aussi bien que pour celle des autres.

Si on la ramassait, il ferait en sorte qu'on l'enferme.

Mais il y avait de grandes chances pour qu'elle ne soit pas partie du côté de la grand-route. Très probablement, elle était restée autour de la maison ou dans la cour. Elle l'avait peut-être même suivi jusqu'au marais, elle l'avait peut-être constamment épié. Car si elle est réellement folle, tout peut arriver. C'est évident si elle était allée jusqu'au marais, peut-être s'y était-elle noyée. C'était très possible dans l'obscurité. Il se rappelait comment la voiture s'était enfoncée et avait disparu dans les sables mouvants.

Norman sut que ses pensées n'étaient plus très claires. Il se rendit vaguement compte qu'il était étendu sur un lit et qu'il y était étendu depuis longtemps. Et en vérité, il n'était pas en train de décider ce qu'il allait faire, pas plus qu'il ne se demandait où était sa mère. Non, en ce moment il l'*observait*. Il la *voyait* bien qu'en même temps il sentît l'engourdissement peser sur ses yeux tout en sachant que ses paupières étaient closes.

Il voyait sa mère et elle *était* dans le marais. Oui, c'était là qu'elle se trouvait, dans l'étang. Elle avait glissé le long du bord dans l'obscurité et elle ne pouvait pas remonter. La vase faisait des bulles autour de ses genoux. Elle tentait d'attraper une branche ou quelque chose de solide pour s'en sortir, mais c'était en vain. Ses hanches s'enfonçaient, sa robe collait à son ventre, dessinant un « V » le long de ses cuisses. Les cuisses de sa mère étaient sales. Il ne fallait pas regarder.

Mais il *voulait* regarder, il voulait la voir s'enfoncer, s'enfoncer dans l'obscurité douce, humide, gluante. Elle méritait de s'enfoncer pour aller rejoindre cette pauvre fille innocente. Bon débarras ! Bientôt, il serait débarrassé d'elles deux, la victime et le bourreau, sa mère et la chienne, sa chienne de mère enfouie au fond de cette vase sale... Puisse tout cela se réaliser, puisse-t-elle mourir noyée dans cette boue sale et écœurante...

La boue lui recouvrait les seins maintenant. Il n'aimait pas y penser. Il ne pensait jamais aux seins de sa mère, ce n'était pas bien. Heureusement qu'ils disparaissaient, s'enfonçant à jamais dans le marécage. Ainsi il en perdrait le souvenir pour toujours. Mais il la voyait haleter et il se mit à haleter lui aussi. Il avait l'impression d'étouffer avec elle et alors... *il rêvait, il fallait que ce soit un rêve.* Et alors, il vit sa mère se dresser devant lui sur la terre ferme au bord du marais. *C'était lui* qui perdait pied. Il était dans la boue jusqu'au cou et il n'y avait personne pour lui porter secours, personne pour le sauver et rien à quoi s'accrocher, à moins que sa mère ne lui tende les bras. *Elle, elle* pouvait le sauver. Elle était la seule ! Il ne voulait pas se noyer, il ne voulait pas étouffer et suffoquer dans la vase, il ne voulait pas disparaître comme avait disparu cette fille, cette chienne. Tout à coup il se rappela pourquoi elle était là, c'est parce qu'elle avait été tuée et elle avait été tuée parce qu'elle était l'incarnation du mal. Elle avait fait valoir ses charmes devant lui. Elle l'avait volontairement tenté de sa nudité perverse. Eh bien ! lui-même il avait eu envie de la tuer lorsqu'il l'avait vue faire. Et ça parce que sa mère l'avait prévenu contre le péché, contre Satan et ses pompes et… « Il ne faut pas tolérer qu'une chienne reste en vie. »

Sa mère avait agi ainsi pour le protéger, *lui* et il ne pouvait pas supporter de la voir mourir. Elle avait raison. Il avait besoin d'elle et elle avait besoin de lui. Même si elle était folle, elle ne le laisserait pas mourir. Elle *ne le pourrait pas*.

Telle une pieuvre, la vase étreignait sa gorge, collait à ses lèvres. S'il avait ouvert la bouche, il l'eût avalée. Pourtant, il fallait bien qu'il l'ouvre pour crier et il était en train de crier : « *Maman, maman, sauve-moi !* »

Et brusquement il fut hors du marécage, couché

dans son lit comme il devait l'être et, si son corps était humide, c'est qu'il était couvert de sueur. Il sut que ça n'avait été qu'un rêve, avant même d'entendre la voix de sa mère à son chevet.

— Ne crains rien, mon fils. Je suis là. Tout va bien.

Il sentit sa main sur son front, elle était fraîche comme la rosée. Il voulut ouvrir les yeux mais elle lui dit :

— Ne te tourmente pas, mon fils. Rendors-toi.

— Mais il faut que je te dise...

— Je sais. Je veillais. Tu n'as pas cru que j'allais partir et te laisser ? Tu as bien fait, Norman et tout va bien maintenant.

Oui, tout était rentré dans l'ordre. Elle était là pour le protéger. Il était là pour la protéger. Avant de sombrer de nouveau dans le sommeil, Norman prit une décision. Ils ne parleraient pas de ce qui s'était passé cette nuit, ni aujourd'hui, ni jamais. Et plus jamais il n'aurait le désir de la faire enfermer. Quoi qu'elle fît, sa place était ici, auprès de lui. C'était peut-être une folle et même une criminelle, mais elle était tout ce qu'il possédait. Tout ce qu'il désirait. Tout ce dont il avait besoin. La savoir là auprès de lui, alors qu'il s'endormait.

Norman remua, se tourna et puis sombra dans une nuit plus épaisse et plus profonde que le marrais.

VI

Soudain, le vendredi suivant à six heures du soir, un miracle se produisit.

Ottorino Respighi pénétra dans l'arrière-boutique de l'unique quincaillerie de Fairvale pour y jouer ses *Impressions Brésiliennes*.

Il y avait de nombreuses années pourtant qu'Otto Respighi était mort et cet ouvrage avait été exécuté par l'orchestre des Concerts Colonne à plusieurs milliers de kilomètres de là.

Néanmoins, lorsque Sam Loomis ouvrit son petit poste de radio, la musique jaillit, annihilant l'espace, le temps et la mort elle-même.

Pour autant qu'il pouvait en juger, c'était un authentique miracle.

Pendant un instant, Sam aurait souhaité ne pas être seul. Les miracles sont faits pour être partagés. Et la musique aussi. Mais dans tout Fairvale, il n'y avait personne qui fût capable de reconnaître ni la musique en soi, ni le miracle de sa diffusion. Les habitants de Fairvale étaient plutôt d'un naturel pratique. Pour eux, la musique est quelque chose qui sort d'un juke-box quand on y met une pièce de monnaie, ou d'un poste de télévision. La plupart du temps, des rock'n rolls et, de temps en temps, de la musique ennuyeuse comme ce morceau de *Guillaume Tell* qu'on joue pendant les Westerns. Et qu'est-ce qu'il a de si extraordinaire, cet Ottorino Machin-chose ?

Sam Loomis haussa les épaules et sourit. Il n'avait pas lieu de se plaindre. Les gens, dans ces petites villes, n'apprécient peut-être pas ce genre de musique, mais au moins vous laissent libre de la savourer seul. Lui, de son côté, n'essayait pas d'influencer leurs goûts. Le marché était régulier.

Sam sortit le grand registre et l'apporta sur la table de la cuisine. Pendant l'heure qui suivrait, la table servirait de bureau, de même que lui se muerait en comptable.

C'était l'un des inconvénients de vivre dans cette unique pièce, derrière le magasin. Il n'y avait pas d'autre endroit disponible et tout devait servir à deux fins différentes. Cependant il acceptait la situation. Ça ne durerait plus longtemps ainsi : les choses commençaient à s'arranger.

Un coup d'œil rapide jeté sur les chiffres semblait confirmer cet optimisme. Après avoir vérifié son réassortiment, il lui paraissait presque certain qu'il pourrait rembourser encore mille dollars ce mois-ci. Ce qui, en six mois, représenterait un total de trois mille dollars. Et c'était pourtant la morte-saison. A l'automne les affaires seraient encore meilleures.

Sam gribouilla des chiffres sur une feuille de papier. Oui, il pourrait probablement s'en tirer. Ça lui remontait drôlement le moral. Et ça remonterait aussi drôlement le moral de Mary.

Ces derniers temps, Mary n'était pas très optimiste. D'après ses lettres, elle semblait assez découragée. En y pensant, il s'aperçut qu'elle lui devait plusieurs lettres. Il lui avait écrit vendredi dernier et il n'avait toujours pas de réponse. Peut-être qu'elle était malade. Non, car si c'eût été le cas, il aurait reçu un mot de sa sœur cadette Lila... Il croyait bien se rappeler qu'elle s'appelait ainsi. Sans doute Mary traversait-elle une crise de cafard. Il ne pouvait pas l'en blâmer. Il y avait trop longtemps qu'elle trimait !

Bien sûr, c'était la même chose en ce qui le concernait. Vivre de cette manière n'était pas facile. Mais c'était la seule manière. Elle l'avait bien compris et elle avait accepté d'attendre.

Il pourrait peut-être prendre quelques jours de congé la semaine prochaine : Summerfield s'occuperait du magasin et il ferait un saut pour aller la voir. Il irait la surprendre et il lui remonterait le moral. Pourquoi pas ? Les affaires étaient calmes en ce moment et Bob tiendrait facilement la boutique tout seul.

Sam soupira. La musique allait decrescendo, s'attristant en mineur. Ce devait être le thème du jardin aux serpents. Oui, il le reconnaissait au glissement des cordes, aux éclats des bois dominant les paresseuses contrebasses. Des serpents. Mary n'aimait pas les serpents. Il y avait de grandes chances aussi pour qu'elle n'aime pas ce genre de musique.

Parfois, il se demandait s'ils n'avaient pas eu tort de faire des projets d'avenir. Après tout, que savaient-ils l'un de l'autre ? En dehors de la croisière et des deux jours que Mary avait passés auprès de lui l'an dernier, ils n'avaient jamais vécu ensemble. Il y avait les lettres, bien sûr. Mais peut-être n'arrangeaient-elles rien, au contraire. Parce que dans les lettres, Sam avait commencé à découvrir une autre Mary. Une Mary capricieuse, au caractère susceptible, aux sympathies et aux antipathies si excessives qu'elles en frisaient presque les idées préconçues.

Il haussa les épaules. Qu'est-ce qui lui arrivait ? C'était sans doute la faute de cette musique morbide. Brusquement il ressentit une tension dans les muscles de sa nuque. Il écouta intensément, cherchant à isoler l'instrument, à détacher la phrase qui avait déclenché sa réaction. Quelque chose n'allait pas, quelque chose qu'il percevait, qu'il pouvait presque entendre.

Sam se leva, repoussant sa chaise.

Il entendait maintenant. Un faible grincement qui venait de l'extérieur. C'était à peine audible mais suffisant pour le déranger. Quelqu'un tournait la poignée de la porte d'entrée.

C'était la nuit ; le magasin était fermé et les stores baissés. Mais peut-être était-ce un touriste. Ce devait être ça, certainement. En effet, les gens de Fairvale connaissaient l'heure de la fermeture et savaient également qu'il habitait dans l'arrière-boutique. Lorsqu'ils voulaient venir lui demander quelque chose en dehors des heures d'ouverture, ils téléphonaient d'abord.

Bah, les affaires sont les affaires et un client est un client. Sam gagna rapidement le magasin. Le rideau de fer était mis mais il entendait nettement un bruit plus violent... en vérité les pots et les casseroles en tremblaient sur les étagères.

C'était sûrement un cas d'urgence. Sans doute un client qui voulait acheter une ampoule pour la lampe de poche de son garnement.

Sam fouilla dans sa poche et en sortit sa clef.

— Ça va, ça va, cria-t-il, j'arrive.

Il ouvrit prestement la porte sans même en retirer la clef.

Elle se tenait debout sur le seuil, se détachant dans la lumière du réverbère. Le choc qu'il éprouva en la reconnaissant le paralysa, puis il fit un pas en avant et la prit dans ses bras.

— Mary, murmura-t-il.

Ses lèvres trouvèrent les siennes, avec reconnaissance et avidité. Elle se raidit, se recula et, de ses deux poings fermés, lui martela la poitrine. Mais pourquoi ?

— Je ne suis pas Mary, coupa-t-elle avec un haut-le-corps, je suis Lila.

— Lila ?

Il s'écarta d'elle et continua :

— La gamine... oh pardon, vous êtes la sœur de Mary ?

Elle acquiesça et alors il la vit de profil tandis que la lumière du réverbère éclairait ses cheveux. Des cheveux châtains plus clairs que ceux de Mary. La ressemblance n'était pas tellement frappante : Lila avait un nez retroussé et des pommettes plus saillantes. Elle était un peu plus petite, et plus mince de hanches et elle avait les épaules plus étroites.

— Excusez-moi, murmura-t-il, c'est le mauvais éclairage.

— Ça ne fait rien.

Sa voix était différente aussi, plus douce et plus grave.

— Entrez, voulez-vous ?

Elle hésita, baissant les yeux et Sam remarqua alors qu'une petite valise était posée à ses pieds, sur le trottoir.

— Je vais prendre votre sac.

Il le ramassa, éclaira le magasin et la fit entrer.

— Ma chambre est au fond, lui dit-il, voulez-vous venir avec moi.

Elle le suivit en silence. Toutefois, le silence n'était pas complet car la radio diffusait toujours la symphonie de Respighi. Ils pénétrèrent dans la « pièce à tout faire » et Sam se dirigea vers la radio pour la fermer. D'un signe, elle l'en empêcha :

— Non, fit-elle. J'essaie de reconnaître ce morceau. C'est du Villa-Lobos ?

— Non, du Respighi. Ça s'appelle *Impressions Brésiliennes*. C'est un disque « Urania », je crois.

— Oh, nous n'en avons pas en magasin.

C'est alors qu'il se souvint que Lila travaillait dans un magasin de disques.

— Voulez-vous écouter cette musique ou préférez-vous parler ?

— Fermez le poste. Il vaut mieux que nous parlions.

Il s'exécuta et se tourna vers elle :

— Asseyez-vous. Enlevez donc votre manteau.

— Merci, je n'ai pas l'intention de rester longtemps. Il faut que je me trouve une chambre.

— Vous êtes ici pour quelque temps ?

— Pour une nuit seulement. Je repartirai sans doute demain matin. Je ne compte pas séjourner à Fairvale, je cherche Mary.

— Vous cherchez...

Sam la regarda avec étonnement :

— Qu'est-ce qu'elle serait venue faire ici ?

— J'espérais que vous pourriez me le dire.

— Moi ? Pourquoi ? Mary n'est pas ici.

— *Est-elle venue ?* En début de semaine, je veux dire ?

— Bien sûr que non. Voyons, je ne l'ai pas vue depuis l'été dernier.

Sam s'assit sur le divan.

— Qu'y a-t-il, Lila ? Que se passe-t-il ?

— Je voudrais bien le savoir.

Elle évita ses yeux, baissa ses cils et regarda ses mains. Ses doigts étaient emmêlés comme un nœud de serpent. Sous cette lumière plus intense, Sam remarqua que ses cheveux étaient presque blonds. Ainsi, elle ne ressemblait pas du tout à Mary. Les deux sœurs n'avaient rien de commun. Lila semblait nerveuse, malheureuse.

— Je vous en prie, supplia-t-il, racontez-moi.

Elle releva brusquement la tête : ses grands yeux noisette cherchaient les siens.

— Vous ne mentiez pas en disant que Mary n'était pas venue vous voir ?

— Non, c'est la vérité. Depuis quelques semaines, je n'ai même pas eu de ses nouvelles. Je commençais à m'inquiéter. C'est alors que vous êtes arrivée en trombe et...

Sa voix se cassa :

— Racontez-moi, reprit-il.

— Bon, je vous crois, mais il n'y a pas grand-chose à raconter.

Elle aspira profondément et se remit à parler tandis que ses mains agitées lissaient nerveusement sa jupe.

— Cela fait une semaine depuis hier soir que je n'ai pas revu Mary à la maison. Exactement depuis le soir où je suis allée à Dallas commander du réassortiment. C'est moi qui suis chargée des achats. J'y ai passé le week-end et j'ai pris un train de nuit le dimanche. Je suis arrivée à la maison le lundi matin de bonne heure et Mary n'y était pas. Tout d'abord, je ne me suis pas fait de souci. J'ai pensé qu'elle était déjà partie travailler. Mais dans ces cas-là, elle me donne un coup de fil et comme elle ne m'avait pas appelée à midi, j'ai décidé de lui téléphoner à son bureau. C'est M. Lowery qui a répondu. Il m'a dit qu'il s'apprêtait à m'appeler pour savoir ce qui se passait car Mary n'avait pas paru de la matinée. Il était sans nouvelles d'elle depuis le vendredi après-midi.

— Un instant, prononça Sam lentement. Mettons les choses au point. Vous me dites bien que Mary a disparu depuis une semaine entière ?

— Hélas, c'est bien ça.

— Pourquoi donc ne m'en avoir pas prévenu avant ?

Il se leva et ressentit de nouveau ce raidissement dans les muscles de la nuque. Sa gorge se serra et sa voix se troubla :

— Pourquoi n'avoir pas essayé de me joindre, de me téléphoner ? Et la police ?

— Sam, je...

— Vous n'avez rien trouvé de mieux que de perdre huit jours avant de venir me demander si je l'avais vue ? Ça n'a pas de sens !

— Rien n'a de sens dans cette histoire. Vous comprenez, la police ne sait rien de tout ceci et M. Lowery ne connaît pas *votre existence*. Après ce qu'il m'a dit, j'ai accepté de ne pas prévenir la police. Mais j'étais si inquiète, si effrayée qu'il me fallait savoir. C'est pourquoi aujourd'hui j'ai décidé de venir ici pour me rendre compte par moi-même. Il m'est venu à l'idée que vous aviez échafaudé toute cette affaire ensemble.

— Echafaudé quoi ? hurla Sam.

— C'est ce que j'aimerais savoir.

Sa voix était douce. Pas comme le visage de l'homme debout sur le seuil de la porte. Un homme grand, mince et très bronzé. Un feutre gris cachait son front, mais pas ses yeux. Des yeux bleus et durs comme la glace.

— Qui êtes-vous ? marmonna Sam. Comment êtes-vous entré ici ?

— La porte d'entrée n'était pas fermée à clef et je n'ai eu qu'à la pousser. Je suis venu pour avoir quelques renseignements mais je vois que Mlle Crane m'a devancé. Peut-être accepterez-vous de nous répondre à l'un et à l'autre.

— Vous répondre ?

— Oui.

L'homme s'avança, une main enfoncée dans la poche de son veston gris. Sam leva le bras, et le laissa retomber voyant l'homme sortir un portefeuille qu'il ouvrit.

— Je m'appelle Arbogast. Milston Arbogast, chargé de mener l'enquête pour le compte de la Compagnie d'assurance Parity. Nous assurons contre le vol l'Agence Lowery dont votre amie était une employée. C'est la raison de ma visite. Je veux savoir ce que vous avez fait tous les deux des quarante mille dollars.

VII

Maintenant, le feutre gris était posé sur la table et la veste grise suspendue au dossier d'une des chaises de Sam. Arbogast écrasa sa troisième cigarette dans le cendrier et en alluma immédiatement une autre.

— Très bien, dit-il, vous n'avez pas quitté Fairvale la semaine dernière. Je vous crois sur ce point, Loomis. Vous êtes assez intelligent pour ne pas mentir. Ce me serait trop facile de vérifier sur place.

Le détective aspira lentement une bouffée et continua :

— Bien sûr, ça ne prouve pas que Mary Crane ne soit pas venue *vous* voir. Elle aurait pu venir en catimini un soir après la fermeture du magasin. Tout comme sa sœur l'a fait cette nuit.

Sam soupira.

— Mais ce n'est pas le cas. Ecoutez, vous venez d'entendre ce que Lila vient de vous dire. Je n'ai pas eu de nouvelles de Mary depuis des semaines. Je lui ai écrit vendredi dernier, le jour même où elle a soi-disant disparu. Pourquoi l'aurais-je fait si j'avais su qu'elle devait venir ici ?

— Pour la couvrir, bien sûr. Vous êtes malin, s'écria Arbogast avec colère.

Sam se passa la main sur la nuque.

— Je ne suis pas aussi malin que ça. Je ne suis même pas malin du tout. Je ne savais rien de cette histoire d'argent. Telle que vous me l'avez racontée, même M. Lowery ignorait qu'on lui apporterait quarante mille dollars en espèces ce vendredi après-midi. Mary ne le savait certainement pas non plus. Comment diable aurions-nous pu arranger tout cela ensemble ?

— Elle aurait pu vous téléphoner dans la nuit du vendredi d'une cabine publique *après* avoir pris cet argent, et vous demander de lui écrire.

— Vérifiez donc aux P. T. T., répondit Sam avec lassitude, et vous verrez que je n'ai pas eu de communications de l'inter depuis un mois.

Arbogast acquiesça :

— Bon. Elle ne vous a pas appelé. Elle est venue directement, vous a raconté ce qui s'était passé et vous a fixé un rendez-vous pour plus tard, quand cette histoire serait oubliée.

Lila se mordit la lèvre.

— Ma sœur n'est pas une criminelle. Vous n'avez pas le droit de parler d'elle de cette façon. Vous ne pouvez pas prouver qu'elle a pris cet argent. Peut-être que c'est M. Lowery lui-même qui l'a pris. Peut-être qu'il a manigancé toute cette histoire pour se couvrir...

— Excusez-moi, murmura Arbogast, je comprends quels sont vos sentiments mais vous ne pouvez pas accuser M. Lowery. Notre compagnie ne paiera pas un sou avant qu'on ait trouvé le voleur, qu'on l'ait jugé et condamné... Et Lowery en est pour ses quarante sacs. Ainsi, de toute façon, il n'en tirera aucun bénéfice. En outre, vous oubliez les faits : Mary Crane a disparu. Elle a disparu depuis l'après-midi où on lui a donné l'argent. Elle ne l'a pas déposé à la banque. Elle ne l'a pas caché dans l'appartement. Et cependant on ne l'a pas trouvé. On n'a pas trouvé sa voiture non plus. Et on ne l'a pas trouvée davantage !

Il avait de nouveau terminé une cigarette qu'il écrasa dans le cendrier. Il ajouta :

— Voilà pas mal de preuves contre elle.

Lila commença à sangloter doucement :

— Non, ce ne sont pas des preuves. Vous auriez dû me laisser faire quand j'ai voulu avertir la police. Mais vous avez réussi à m'en dissuader, vous et M. Lowery. Parce que, soi-disant, vous ne vouliez pas ébruiter l'affaire. Vous pensiez que, si nous attendions, Mary se déciderait peut-être à rapporter l'argent. Vous n'avez pas voulu croire ce que je vous disais mais je sais à présent que j'avais raison. Quelqu'un a dû la kidnapper. Quelqu'un qui était au courant...

Arbogast haussa les épaules, puis se leva avec fatigue et s'approcha de la jeune fille. Il lui tapota l'épaule.

— Ecoutez, mademoiselle Crane... nous avons déjà parlé de cette éventualité, vous vous en souvenez ? Personne d'autre ne savait quoi que ce soit. Votre sœur n'a pas été kidnappée. Elle est rentrée chez elle, a fait ses valises et elle est montée dans sa propre voiture. Elle était toute seule. Votre propriétaire ne l'a-t-elle pas vue partir ? Alors, soyez raisonnable.

— Mais je *suis* raisonnable. C'est vous qui ne l'êtes pas. Quand je pense que vous m'avez suivie jusqu'ici, jusque chez M. Loomis...

Le détective secoua la tête.

— Qu'est-ce qui vous fait croire que je vous ai suivie ? demanda-t-il calmement.

— Comment seriez-vous ici, cette nuit ? Vous ne saviez pas que Mary et Sam Loomis étaient fiancés. En dehors de moi, personne ne le savait. Vous ne connaissiez même pas l'existence de Sam Loomis.

— Si, je la connaissais, fit Arbogast. Vous vous rappelez, quand je suis allé chez vous, j'ai fouillé dans le bureau de votre sœur. J'y ai trouvé cette enveloppe, continua-t-il en la brandissant.

— Voyons, elle m'est adressée, marmonna Sam qui se leva pour la prendre.

— Elle ne peut vous servir à rien, répliqua le détective en remettant l'enveloppe dans sa poche. Il n'y a pas de lettre à l'intérieur. Ce n'est qu'une enveloppe mais elle peut m'être utile parce qu'il y a son écriture dessus.

Il s'arrêta puis poursuivit :

— En fait, elle m'est utile depuis mercredi matin. C'est-à-dire depuis que j'ai pris la route de Fairvale.

— Vous avez pris la route de Fairvale... mercredi ?

Lila se sécha les yeux avec son mouchoir.

— Oui. Donc, je ne vous suivais pas. Je vous précédais. L'adresse de cette enveloppe m'a fourni un indice. Cette enveloppe, plus la photo de Loomis dans un cadre près du lit de votre sœur portant : *Avec toute ma tendresse - Sam*. Ça n'a pas été difficile de trouver le joint. Donc j'ai décidé de me mettre en pensée à la place de votre sœur. Quarante mille dollars en espèces me sont tombés entre les mains, me suis-je dit. Il faut que je quitte la ville, et vite. Où vais-je aller ? Au Canada, au Mexique, aux Antilles ? Trop dangereux. En outre, je n'ai pas eu le temps de faire des projets à longue échéance. Mon instinct naturel me pousse à venir retrouver mon bon ami, ici.

Sam frappa si violemment la table de la cuisine que les mégots sautèrent hors du cendrier.

— Ça suffit comme ça, tonna-t-il. Vous n'avez pas officiellement le droit de faire de telles accusations. Jusqu'à présent, vous n'avez pas fourni la moindre preuve pour étayer vos dires !

Arbogast chercha une autre cigarette dans sa poche.

— Vous voulez des preuves, hein ? Qu'est-ce que vous croyez que j'ai fait sur la route depuis mercredi matin ? C'est-à-dire depuis que j'ai trouvé la voiture ?

— Vous avez trouvé la voiture de ma sœur ? fit Lila en se levant.

— Certainement. J'avais l'intuition qu'elle voudrait s'en débarrasser rapidement. Donc, j'ai fait le tour des marchands de voitures d'occasion de la ville, en leur décrivant la voiture et en leur donnant le numéro d'immatriculation. Mes efforts ont été récompensés. J'ai trouvé l'endroit. J'ai montré au type mes pièces d'identité et il a parlé. Il a parlé vite, je vous le jure. Probablement qu'il croyait que la voiture avait été volée. Je ne lui ai pas dit le contraire. C'est ainsi que j'ai découvert que Mary Crane avait fait un échange chez lui vendredi soir, un peu avant la fermeture. J'ai eu du mal à avoir des détails sur l'affaire. Enfin, il me les a donnés en même temps que la description de la vieille bagnole avec laquelle elle était partie. Elle se dirigeait vers le nord. Alors, moi aussi, je me suis dirigé vers le nord. Mais je ne pouvais pas aller très vite. J'avais l'intuition qu'elle continuerait sur la route nationale parce qu'elle venait à Fairvale. Elle avait sans doute roulé toute la première nuit. Moi aussi je roulai toute la première nuit, pendant huit heures d'affilée. Ensuite je passai pas mal de temps autour d'Oklahoma City, enquêtant dans les motels le long de la route et les garages de voitures d'occasion. J'ai pensé qu'elle échangerait peut-être sa voiture une seconde fois pour être tout à fait tranquille. Mais rien. Jeudi j'atteignis Tulsa. Même manège. Mêmes résultats. Ce n'est que ce matin que j'ai aperçu l'aiguille dans la botte de foin. Un autre parc à voitures, un autre marchand, un peu plus au nord. Elle avait fait le deuxième échange de bonne heure samedi dernier ; elle avait perdu encore de l'argent et était partie avec une Plymouth de 1953, dont le pare-chocs avant était en mauvais état.

Il sortit son calepin :

— Tout est écrit ici, noir sur blanc, la marque de la voiture, le numéro du moteur, tout. Les deux marchands font faire des photocopies et vont me les envoyer au Siège Social de la compagnie. Mais ça c'est sans intérêt. Ce qui en a, c'est que Mlle Crane, en quittant Tulsa, a pris la route du nord samedi matin, après avoir changé deux fois de voiture en seize heures. A mon avis, elle venait ici. Et à moins que quelque chose d'imprévu ne soit arrivé

— à moins que la voiture ne soit tombée en panne ou qu'elle n'ait eu un accident — elle aurait dû arriver ici samedi dans la nuit.

— Mais elle n'est pas arrivée, protesta Sam. Je ne l'ai pas vue. Tenez, si vous voulez, je peux vous en fournir la preuve. Dans la nuit de samedi dernier, j'étais au Légion Hall en train de jouer aux cartes. J'ai de nombreux témoins. Dimanche matin, je suis allé à l'église. Dimanche à midi, j'ai déjeuné à...

Arbogast leva la main avec fatigue.

— Très bien, j'ai compris. Vous ne l'avez pas vue. Alors quelque chose a dû lui arriver. Je vais faire une vérification en sens inverse.

— Et la police ? interrogea Lila. Je continue à croire que vous devriez prévenir la police.

Elle s'humecta les lèvres.

— Supposons qu'elle ait eu un accident. Vous ne pourrez pas vous arrêter à tous les hôpitaux qui se trouvent entre Fairvale et Tulsa. Après tout, à l'heure qu'il est, Mary est peut-être étendue quelque part, inconsciente. Peut-être même est-elle...

Cette fois, ce fut Sam qui lui tapota l'épaule.

— Mais non, c'est ridicule ! murmura-t-il. Si une chose pareille était arrivée, vous seriez avertie maintenant. Mary va sûrement très bien.

Mais par-dessus l'épaule de Lila, il jeta un coup d'œil au détective.

— Vous ne pouvez pas mener cette tâche à bien

tout seul, dit-il. Lila a raison. Pourquoi ne pas prévenir la police ? Signalons-leur la disparition de Mary et demandons-leur s'ils peuvent la retrouver.

Arbogast ramassa son feutre gris.

— Nous avons choisi la méthode la plus difficile, je le reconnais. Parce que si nous arrivions à la retrouver sans faire intervenir la police, nous pourrions éviter à notre client et à la compagnie une très mauvaise publicité. En agissant ainsi, grâce à nous, Mary Crane n'aurait pas d'ennuis. Si nous la retrouvions et si nous pouvions récupérer l'argent. Peut-être même que dans ce cas, il n'y aurait pas de plainte déposée contre elle. Vous avouerez avec moi que cela vaut la peine de tenter la chance.

— Mais en admettant que vous ayez raison et que Mary soit arrivée jusqu'ici, pourquoi alors n'est-elle pas venue me voir ? C'est ce que je voudrais savoir tout autant que vous, lui dit Sam, et je n'ai pas l'intention d'attendre encore pour l'apprendre.

— Voulez-vous attendre encore vingt-quatre heures ? demanda Arbogast.

— Qu'est-ce que vous voulez dire ?

— Comme je vous l'ai dit, je devrais encore faire quelques recherches.

Il leva la main pour devancer les objections de Sam.

— Non, je n'ai pas l'intention de refaire toute la route jusqu'à Tulsa. Je reconnais que c'est impossible mais je voudrais bien fureter un peu dans les environs, enquêter dans les restaurants de la grand-route, dans les stations d'essence, dans les garages, dans les motels. Peut-être que quelqu'un l'a vue. Parce que je continue à croire que mon intuition était la bonne. Elle avait décidé de venir ici. Peut-être a-t-elle changé d'idée en arrivant et qu'elle a continué à rouler. Mais je voudrais en être sûr.

— Et si vous n'avez rien découvert d'ici vingt-quatre heures... ?

— Alors, je suis prêt à renoncer, à prévenir la police, et à suivre la routine en usage lorsqu'on signale la disparition de quelqu'un. Ça vous va ?

Sam regarda Lila.

— Qu'en pensez-vous ? demanda-t-il.

— Je ne sais pas. Je suis si inquiète pour le moment que *je ne peux pas* penser, soupira-t-elle. Sam, c'est à vous de décider.

Loomis s'adressa à Arbogast :

— Bon, nous sommes d'accord. Mais je vous préviens dès maintenant : si rien n'arrive demain et si vous n'avertissez pas la police, c'est moi qui le ferai.

Arbogast enfila sa veste :

— Je crois que je vais prendre une chambre à l'hôtel d'en face. Et vous, mademoiselle Crane ?

Lila jeta un coup d'œil à Sam.

— Je l'y conduirai dans un petit moment, fit Sam. D'abord, je vais l'emmener manger quelque chose mais je lui réserverai d'abord une chambre pour la nuit. Et nous serons ici demain tous les deux à vous attendre.

Pour la première fois de la soirée, Arbogast sourit. Ce n'était pas un sourire qui pût rivaliser avec celui de la *Joconde*, mais c'était un sourire tout de même.

— Je vous crois, jeta-t-il. Je m'excuse d'avoir agi comme je l'ai fait mais il le fallait pour être sûr de vous faire dire la vérité.

Il adressa un signe de tête à Lila :

— Nous vous retrouverons votre sœur. Ne vous tourmentez pas.

Puis il partit. Avant que la porte d'entrée se fût refermée derrière lui, Lila sanglotait contre l'épaule de Sam. Sa voix était sourde comme un gémissement.

— Sam, j'ai peur... quelque chose est arrivé à Mary, je le sais !

— Tout s'arrangera, balbutia-t-il. (Mais en même temps, il s'étonna qu'il n'y trouvât pas de paroles plus convaincantes pour répondre à la peur, à la douleur, à la solitude.) Tout s'arrangera, croyez-moi.

Brusquement, elle se recula et s'éloigna de lui. Ses yeux voilés de larmes s'étaient écarquillés. Lorsqu'elle parla, sa voix était basse mais ferme.

— Pourquoi vous croirai-je, Sam ? demanda-t-elle avec douceur. Pouvez-vous m'en donner la raison ? La raison que vous n'avez pas donnée à ce détective ? Sam... Mary est-elle venue vous voir ? Etiez-vous au courant de cette histoire d'argent ?

Il secoua la tête :

— Non, je n'étais pas au courant. Il faut que vous me croyiez, comme je vous crois moi-même.

Elle se détourna vers le mur.

— Je pense que vous avez raison, lui dit-elle. Mary *aurait pu* venir nous voir l'un et l'autre pendant la semaine, n'est-ce pas ? Mais elle ne l'a pas fait. J'ai confiance en vous, Sam. Seulement, il est difficile de croire en quoi que ce soit quand on découvre que sa propre sœur est devenue une...

— Calmez-vous, l'interrompit Sam. Ce dont vous avez besoin pour le moment, c'est de manger un peu et de vous reposer beaucoup. Les choses seront moins sombres demain.

— Le croyez-vous vraiment, Sam ?

— Oui, je le crois.

C'était la première fois de sa vie qu'il mentait à une femme.

VIII

Demain devint aujourd'hui. Et pour Sam, ce samedi fut le jour de l'attente.

Aux environs de dix heures, il téléphona à Lila du magasin. Elle était déjà levée et avait pris son petit déjeuner. Arbogast était sorti : il avait dû partir de bonne heure. Mais il avait laissé un mot pour Lila, l'informant qu'il l'appellerait durant la journée.

— Pourquoi ne viendriez-vous pas chez moi pour me tenir compagnie ? lui suggéra Sam au téléphone. C'est ridicule de rester seule dans votre chambre. Nous déjeunerons ensemble et appellerons l'hôtel pour savoir si Arbogast a téléphoné. Ou plutôt je dirai à la standardiste de me passer les communications au magasin.

Lila accepta et Sam se sentit soulagé. Il ne voulait pas la savoir seule ce jour-là. Elle ne manquerait pas de ruminer toute la journée ses sombres pensées. Dieu sait qu'il avait lui-même passé la nuit à broyer du noir !

Il avait fait l'impossible pour ne pas y croire mais il lui fallait admettre que la théorie d'Arbogast était défendable. Mary avait certainement projeté de venir le retrouver après avoir volé l'argent, en supposant qu'elle l'ait volé.

Et le pire était d'imaginer Mary dans la peau d'une voleuse. Il ne l'avait jamais vue sous ce jour et tout ce qu'il savait d'elle était en contradiction avec cette hypothèse.

Mais, en vérité, que savait-il d'elle au juste ? La nuit dernière, il avait dû s'avouer qu'il comprenait fort peu sa fiancée. Et il la connaissait même si peu qu'il l'avait confondue dans la pénombre, avec une autre fille.

« C'est curieux, se disait Sam, on est toujours persuadé de tout savoir de la vie de quelqu'un d'autre simplement parce qu'on voit cette personne fréquemment ou parce qu'on lui est sentimentalement attaché. » D'ailleurs, à Fairvale, il connaissait des tas d'exemples qui illustraient cette pensée. Ainsi ce vieux Thomkins, entre autres, qui avait été pendant des années directeur des écoles de la ville et persona grata au Rotary Club. Il avait abandonné femme et enfants pour une gamine de seize ans. Qui aurait pu imaginer qu'il ferait chose pareille ? Pas plus qu'on n'aurait pu imaginer que

Mike Fisher, le plus grand ivrogne et le plus grand joueur de l'Etat, laisserait, en mourant, toute sa fortune à l'Orphelinat presbytérien. Et Bob Summerfield ? Ce garçon qui était son employé depuis longtemps déjà... Il lui avait fallu plus d'un an avant de découvrir qu'à l'armée, avec son 6.35, il avait essayé de faire sauter la cervelle de l'aumônier militaire ! Bob maintenant se conduisait bien. C'était le plus tranquille et le plus aimable de la terre. Mais à l'armée également, il avait été tranquille et aimable jusqu'au jour où ça s'était gâté. Et personne ne s'en était aperçu. Il arrive aussi que de charmantes vieilles dames, après vingt ans de bonheur conjugal, se débarrassent de leur mari. De même que des petits employés de banque sérieux lèvent le pied un beau jour avec l'argent de la caisse... On ne peut jamais prévoir ce qui va arriver.

Et Mary ? Pourquoi n'aurait-elle pas volé cet argent ? Elle en avait peut-être assez d'attendre qu'il rembourse ses dettes et elle n'avait sans doute pas pu résister à la tentation. Elle avait peut-être eu l'idée de lui apporter ces quarante mille dollars, d'inventer une quelconque histoire et de la lui faire avaler. Et peut-être aussi avait-elle projeté de venir le chercher à Fairvale pour qu'ils s'enfuient ensemble. S'il voulait être honnête vis-à-vis de lui-même, il lui fallait admettre cette possibilité, car c'était probablement ainsi que les choses s'étaient passées.

Et s'il l'admettait, il lui fallait envisager la question suivante. Pourquoi n'était-elle pas encore là ? Quelle direction avait-elle prise après avoir quitté les faubourgs de Tulsa ?

Si l'on commence à échafauder de telles hypothèses et si l'on s'avoue ne pas savoir ce qui peut se passer dans la tête d'autrui, il faut bien alors arriver à la conclusion que tout est possible : une fugue à Las Vegas, capitale du jeu, le désir subit de disparaître de la circulation et de recommencer une nouvelle vie sous un autre nom, une crise aiguë de culpabilité qui vous fait perdre la mémoire...

Et Sam enchaîna pour lui-même : « Ne suis-je pas en train d'en faire un cas qui relève des Assises ?... Ou de la psychiatrie ? Si je me laisse entraîner si loin, il me faudra bien admettre que les hypothèses sont innombrables. Elle a pu avoir un accident, comme le craint Lila, ou avoir ramassé un type qui fait de l'auto-stop, lequel... »

Sam, une fois de plus, écarta ces pensées. Il ne pouvait les supporter davantage, d'autant plus qu'il fallait éviter à Lila des suppositions aussi morbides. Aujourd'hui, il s'imposait la tâche de la distraire. Après tout, ils avaient encore une petite chance : Arbogast pourrait découvrir un indice. Sinon, ils iraient trouver la police. Alors, et alors seulement, il se permettrait d'imaginer le pire.

Comment peut-on connaître les autres alors qu'on ne se connaît pas soi-même ? La preuve : il n'aurait jamais cru pouvoir douter de Mary aussi vite et avec une telle déloyauté. Et pourtant, Dieu sait s'il avait rapidement glissé sur cette pente ! Ce n'était pas chic vis-à-vis d'elle ! Le moins qu'il puisse faire pour se racheter en partie, c'était de cacher ces soupçons à Lila.

Si, bien entendu, elle n'avait pas eu les mêmes pensées que lui...

Lila, ce matin, semblait avoir un meilleur moral. Elle était vêtue d'un tailleur clair et elle entra dans le magasin d'un pas optimiste.

Sam lui présenta Bob Summerfield et l'emmena déjeuner. Aussitôt, elle se mit à parler de Mary, faisant des suppositions et se demandant ce qu'Arbogast pouvait faire aujourd'hui. Sam répondit à ses questions sur un ton désinvolte. Après le repas, il s'arrêta à l'hôtel et demanda qu'on transmette toutes les communications téléphoniques chez lui pendant l'après-midi.

Ils regagnèrent ensuite le magasin où, bien que ce fût samedi, les affaires étaient calmes. Ce qui permit à Sam de passer presque toute la journée à bavarder avec la jeune fille. Summerfield s'occupait des clients et il ne la quitta qu'une ou deux fois pour donner un coup de main à son employé.

Lila semblait détendue et fort calme. Elle ouvrit la radio, choisit un programme symphonique et l'écouta avec une attention apparente. C'est là que Sam la retrouva après une de ses brèves incursions dans la boutique.

— C'est bien le *Concerto pour orchestre* de Bartok, n'est-ce pas ? demanda-t-il.

Elle leva les yeux en souriant.

— C'est exact. C'est curieux de voir que vous vous y connaissez si bien en musique.

— Pourquoi est-ce curieux ? Nous sommes à l'époque de la haute fidélité, ne le savez-vous pas ? Ce n'est pas parce qu'on habite une petite ville qu'on n'a pas le droit de s'intéresser à la musique, aux livres, et à l'art. Et je ne manque pas de loisirs !

Lila arrangea le col de sa blouse.

— Vous avez raison, j'ai mal posé le problème. Ce qui est peut-être curieux, ce n'est pas tant que la musique vous intéresse, que de vous voir vendre de la quincaillerie... Ça n'a pas l'air d'aller ensemble.

— Ça n'a rien de honteux de vendre de la quincaillerie.

— Ce n'est pas ce que je voulais dire, mais je trouve ça... euh... disons... banal !

Sam s'assit. Brusquement, il se pencha et ramassa quelque chose sur le sol. C'était petit, pointu et brillant.

— Banal, répéta-t-il. Peut-être. Mais tout dépend de la façon dont on considère les choses. Par exemple, dites-moi ce que j'ai dans la main ?

— Un clou, non ?

— C'est ça. Simplement un clou. Je les vends

au kilo, et j'en vends des centaines de kilos chaque année. Papa en vendait déjà. Je vous parie que rien que dans ce magasin, on en a vendu des dizaines de tonnes. Des clous de toutes les longueurs, de toutes les tailles, comme tous les clous du monde. Et pourtant, ils n'ont rien de banal. Il ne faut pas les considérer sous ce jour-là. Car chaque clou a un but précis. Un but important et durable. Je vais vous expliquer : la moitié sans doute des maisons de bois de Fairvale sont assemblées grâce à des clous vendus dans cette boutique. J'ai presque honte de l'avouer mais lorsque je me promène dans les rues j'ai l'impression d'avoir contribué à les construire. Les outils que j'ai vendus ont servi à ajuster les planches et à terminer les bâtisses. J'ai aussi fourni la peinture, les pinceaux, les contreportes et les moustiquaires, le verre à vitres...

Il s'interrompit avec un sourire gêné :

— Ecoutez bien. C'est le professeur en bâtiment qui vous parle. Plaisanterie mise à part, chaque chose dans ce métier a sa raison d'être parce que c'est un métier utile, je dirai même indispensable. Et un simple clou comme celui-ci a un rôle à remplir. Enfoncez-le au bon endroit et vous pouvez être sûr qu'il remplira bien son rôle et cela pendant un siècle. Longtemps après que vous et moi serons morts et oubliés.

A peine eut-il prononcé ces paroles qu'il les regretta. Mais c'était trop tard. Il vit le sourire s'effacer de ses lèvres.

— Sam, je suis inquiète. Il est presque quatre heures et Arbogast n'a pas téléphoné.

— Un peu de patience. Il va appeler.

— C'est plus fort que moi. Vous m'avez juré qu'au bout de vingt-quatre heures, s'il le fallait, vous iriez à la police.

— J'en ai bien l'intention mais il n'est pas encore huit heures. Et je continue à croire que nous n'aurons pas besoin d'alerter la police. Il se peut qu'Arbogast ait raison.

— C'est possible, Sam, mais je veux *savoir*.

De nouveau elle arrangea sa blouse. Son front restait soucieux.

— Vos histoires de clous ne trompent personne. Vous êtes aussi nerveux que moi, n'est-ce pas ?

— Oui, c'est vrai.

Il se leva en balançant les bras.

— Je ne sais vraiment pas pourquoi Arbogast n'a pas encore téléphoné. Et même s'il s'est arrêté dans tous les bistrots et tous les motels du secteur, il n'y en a pas tant à visiter. Si nous n'avons pas de ses nouvelles à l'heure du dîner, j'irai parler à Jud Chambers.

— A qui ?

— A Jud Chambers, c'est le shérif. Fairvale est le siège du comté.

— Sam, je...

Le téléphone sonna dans le magasin. Il se précipita sans attendre qu'elle ait fini sa phrase. Bob Summerfield avait déjà décroché.

— C'est pour vous, dit-il.

Sam prit le récepteur, jeta un coup d'œil par-dessus son épaule et s'aperçut que Lila l'avait suivi.

— Allô, ici Sam Loomis.

— Arbogast à l'appareil. J'ai pensé que vous deviez vous faire de la bile à mon sujet.

— C'est vrai. Lila et moi n'avons pas bougé de la journée en attendant votre coup de téléphone. Avez-vous trouvé quelque chose ?

Il y eut une pause presque imperceptible. Puis :

— Jusqu'à présent, rien.

— Jusqu'à présent ? Qu'avez-vous fait toute la journée ?

— Ce que j'ai fait ? J'ai parcouru toute la région d'un bout à l'autre. Pour le moment, je suis à Parnassus.

— C'est presque à la limite du comté, n'est-ce pas ? Et la grand-route, d'ici à là ?

— C'est celle que j'ai prise. Mais je crois qu'il y en a une autre par où je peux revenir.

— C'est exact. Il y a l'ancienne route que prennent les camions. Mais vous n'y trouverez rien. Pas même une station d'essence.

— Il y a un type dans le restaurant où je suis qui m'a parlé d'un motel sur cette route.

— Ah ! oui, j'y suis. Je crois bien qu'il y a un motel en effet. Il appartient aux Bates. Je ne savais pas qu'il était toujours ouvert. Ça m'étonnerait que vous appreniez quelque chose là-bas.

— Ecoutez, c'est le dernier endroit mentionné sur ma liste. De toute façon, puisque je rentre à Fairvale, je peux aussi bien m'y arrêter. Et comment vous sentez-vous ?

— Ça va.

— Et la jeune fille ?

Sam baissa la voix.

— Elle veut que je prévienne immédiatement la police. Et, à mon avis, elle a raison. Après ce que vous venez de me dire, je suis absolument sûr qu'elle a raison.

— Voulez-vous attendre jusqu'à ce que je sois revenu ?

— Et quand serez-vous de retour ?

— Dans une heure peut-être. A moins que je ne découvre quelque chose de particulier dans le motel.

Arbogast hésita :

— Ecoutez, nous sommes tombés d'accord. Moi, je tiendrai mes promesses. Tout ce que je vous demande, c'est d'attendre que je sois revenu en ville. Alors, nous irons ensemble à la police. Ce sera beaucoup plus facile de leur demander de nous aider si je suis avec vous. Vous savez comment ça se passe dans les petites villes. Dès l'instant où vous leur demandez de vous donner une communication « inter », ils entrent en transes.

— Nous vous donnons une heure, conclut Sam. Vous nous trouverez ici, au magasin.

Il raccrocha et se retourna.

— Qu'a-t-il dit ? demanda Lila. Il n'a rien trouvé, n'est-ce pas ?

— Non, mais il n'a pas tout à fait terminé son enquête. Il y a encore un autre endroit qu'il veut aller voir...

— Un autre endroit, pas plus ?

— Ne vous découragez pas. Peut-être qu'il apprendra quelque chose là-bas. Sinon, il sera ici dans une heure. Nous irons trouver le shérif. Vous avez entendu ce que je lui ai dit.

— Bon. Attendons. Vous avez dit une heure.

Cette heure-là ne fut pas agréable. Sam fut presque soulagé quand les clients du samedi soir firent irruption dans le magasin et qu'il eut une excuse pour aller les servir. Il n'avait pas le courage de continuer à feindre la gaieté. Il ne pouvait pas aborder de sujets indifférents. Ni avec elle, ni avec lui-même.

Parce qu'il commençait à s'en rendre compte à présent.

Quelque chose était arrivé.

Quelque chose était arrivé à Mary.

Quelque chose...

— Sam.

Il s'éloigna de la caisse enregistreuse après avoir conclu une vente. Lila était là, à côté de lui. Elle avait quitté l'arrière-boutique et elle indiquait sa montre :

— Sam, l'heure est écoulée.

— Je sais. Accordons-lui encore quelques minutes, je vous en prie. De toute façon, il faut d'abord que je ferme le magasin.

— Très bien, mais quelques minutes seulement. Je vous en supplie. Si vous saviez ce que j'éprouve...

— Je le sais.

Il lui serra le bras et s'efforça de sourire.

— Ne vous tourmentez pas. Il sera ici d'une minute à l'autre.

Mais il ne vint pas.

Sam et Summerfield mirent à la porte le dernier retardataire à cinq heures trente. Sam vérifia la caisse enregistreuse et Summerfield plaça les housses comme chaque soir.

Arbogast n'était toujours pas là.

Summerfield éteignit les lumières, se prépara à partir, Sam se disposa à fermer la porte à clef.

Toujours pas d'Arbogast.

— Allons-y maintenant, fit Lila. Si vous ne venez pas, alors je...

— Ecoutez, cria Sam. C'est le téléphone.

Et, une seconde plus tard :

— Allô ?

— Ici Arbogast.

— Où êtes-vous ? Vous aviez promis de...

— Ne vous occupez pas de ce que je vous ai promis.

La voix de l'enquêteur était basse, il parlait rapidement.

— Je suis au motel et je ne dispose que d'une minute. Je voulais vous dire pourquoi je n'étais pas encore de retour. J'ai trouvé une piste. Votre amie est bien passée par-là. Samedi dernier dans la nuit.

— Mary ? Vous en êtes sûr ?

— Tout à fait. J'ai vérifié le registre de l'hôtel ; j'ai pu comparer les écritures. Bien sûr, elle a pris un autre nom : Jane Wilson... et elle a donné une fausse adresse. Il me faudra un mandat du tribunal pour avoir l'autorisation de photographier la page du registre, si nous avons besoin d'une preuve.

— Qu'avez-vous découvert d'autre ?

— La description de la voiture et celle de la jeune fille concordent avec mes renseignements. C'est le propriétaire qui m'a donné les détails.

— Comment avez-vous pu le faire parler ?

— J'ai montré mes papiers et j'ai raconté ma petite histoire habituelle, comme si je recherchais une voiture volée. Il a tout de suite été très excité. C'est un drôle de type, ce gars-là. Il s'appelle Norman Bates. Vous le connaissez ?

— Non, je ne peux pas dire que je le connaisse.

— Il a dit que la jeune fille était arrivée chez lui samedi dans la soirée, vers six heures. Elle a payé d'avance. Il faisait un sale temps, il pleuvait et c'était la seule cliente. Il prétend qu'elle est partie de bonne heure le lendemain matin, avant même qu'il soit levé. Il habite avec sa mère dans une maison derrière le motel.

— Vous croyez qu'il vous a dit la vérité ?

— Je ne sais pas encore.

— Que voulez-vous dire ?

— Eh bien ! je l'ai un petit peu troublé en lui parlant de la voiture et de tout ça. Il a fini par avouer qu'il avait invité la jeune fille à venir souper dans la maison. Il a dit que ça s'était arrêté là et que sa mère pourrait en témoigner.

— Vous avez parlé à la mère ?

— Non, mais je vais le faire. Elle est là-haut dans la maison, dans sa chambre. Il a essayé de m'en empêcher en disant qu'elle était trop malade pour recevoir qui que ce soit. Mais je l'ai vue, assise devant la fenêtre de sa chambre lorsque je suis arrivé. Alors, je lui ai répondu que j'allais avoir une petite conversation avec la vieille dame, que ça lui plaise ou non.

— Mais vous n'avez pas de mandat officiel...

— Voulez-vous, oui ou non, savoir ce qu'est devenue votre amie ? En plus, il n'a pas l'air d'être très au courant des mandats de perquisition. De toute façon, il a couru à toute vitesse vers la maison pour dire à sa mère de s'habiller. J'en ai profité pour vous appeler. Donc ne bougez pas jusqu'à ce que j'en ai terminé ici. Oh ! le voici qui revient. A tout à l'heure.

Il y eut un déclic dans le téléphone, puis le silence. Sam raccrocha, se tourna vers Lila et lui rapporta la conversation qu'il venait d'avoir :

— Ça va mieux maintenant ?

— Oui, mais je voudrais en savoir...

— Bientôt, nous saurons tout. Nous n'avons qu'un tout petit moment à attendre. Oui, c'est tout ce qui nous reste à faire : attendre.

IX

Samedi après-midi, Norman se rasa. Il ne se rasait qu'une fois par semaine et toujours le samedi.

Il n'aimait pas se raser à cause du miroir. Ce miroir dans lequel le reflet de son visage ondulait, comme dans tous les miroirs d'ailleurs. Et ça lui faisait mal aux yeux.

Sans doute parce qu'il y voyait mal. Oui, c'était bien ça. Parce qu'il se rappelait que, lorsqu'il était enfant, il aimait à se regarder dans les glaces. Il adorait se tenir tout nu devant le miroir. Un jour, sa mère l'avait surpris et lui avait donné un coup sur la tête avec une brosse à manche d'argent. Le coup avait été violent et il avait eu mal. Sa mère lui avait dit que ce n'était pas bien de se regarder ainsi.

Encore aujourd'hui il se souvenait de la violence du coup et de la douleur qu'il avait éprouvée. Depuis lors chaque fois qu'il se regardait dans une glace, cette douleur semblait revenir. Finalement sa mère l'avait emmené chez un docteur qui lui avait prescrit des verres. Avec ses lunettes, il y voyait mieux mais ça n'empêchait pas son reflet d'onduler lorsqu'il se regardait. C'est pourquoi il évitait les miroirs sauf quand il ne pouvait pas faire autrement. Sa mère avait raison : ce n'était pas bien de se regarder tout nu, de contempler sa graisse molle, ses bras courts et imberbes, son gros ventre...

Lorsqu'il se regardait, il avait envie d'être un autre. Un homme grand, mince et beau, comme Joe Considine, dont sa mère disait :

— N'est-ce pas le plus bel homme qu'on ait jamais vu ?

Et c'était vrai. Norman était obligé de le reconnaître. Ce qui ne l'empêchait pas de détester « l'oncle Joe Considine », bien qu'il fût *beau*. Et il aurait souhaité que sa mère n'insistât point pour qu'il l'appelât « Oncle Joe ». Car, en vérité, il n'était pas du tout de la famille... C'était un ami qui venait voir sa mère. C'était lui qui l'avait incitée à construire le motel après lui avoir fait vendre leur ferme.

Comme c'était bizarre. Sa mère disait toujours du mal des hommes et en voulait surtout à son père : « Ton père qui est parti m'a abandonnée. » Et pourtant Joe Considine aurait pu la faire entrer dans un trou de souris. Il pouvait obtenir tout ce qu'il voulait d'elle. Oui, Norman aurait bien aimé être aussi adroit et ressembler à cet « oncle » Joe Considine.

Ah, mais non ! Parce que Joe était mort.

Tout en se rasant, Norman cligna des yeux. Comme c'est curieux : tout ça lui était complètement sorti de l'esprit. Il y avait au moins vingt ans que c'était arrivé. N'oublions pas la relativité du temps. C'est ce que disait Einstein et il n'avait pas été le premier à s'en apercevoir... Les anciens le savaient aussi tout comme, à notre époque les mystiques tels que Aleister Crowley et Ouspensky. Norman avait lu toutes leurs œuvres et il possédait même certains de leurs livres. Ce que sa mère n'approuvait pas. Elle prétendait que c'était contraire à la religion, mais ce n'était pas la vraie raison. La vraie raison, c'est que lorsqu'il lisait ces ouvrages, il n'était plus son petit garçon. Alors, il était un adulte, un homme qui étudiait les rapports du temps et de l'espace et maîtrisait les secrets de la dimension et de l'individu.

A la vérité, il y avait deux êtres en lui : l'enfant et l'adulte. Chaque fois qu'il pensait à sa mère, il redevenait un enfant, avec un vocabulaire enfantin, des souvenirs enfantins, des réactions et des émotions enfantines. Mais chaque fois qu'il était seul, ou tout au moins en tête à tête avec un livre, il se sentait parvenu à la maturité. Une maturité suffisante pour comprendre qu'il pouvait être la victime d'une forme atténuée de schizophrénie, ou plus probablement d'une forme de névrose.

D'accord, sa santé n'était pas des plus brillantes. Il y avait des inconvénients à être le « petit garçon » de sa mère. D'autre part, aussi longtemps qu'il s'en rendait compte, il pouvait vaincre et le danger, et sa mère. C'était une chance pour elle qu'il sût à quel moment il devait se comporter comme un homme, et qu'il connût aussi quelques embryons de psychologie et de psychiatrie.

Elle avait déjà eu de la chance quand l'« Oncle » Joe Considine était mort et elle en avait encore eu la semaine dernière quand cette jeune fille s'était présentée au motel. S'il n'avait pas réagi comme un adulte, sa mère aurait de sérieux ennuis aujourd'hui.

Norman passa le doigt sur la lame du rasoir. Elle était coupante, très coupante. Il fallait faire bien attention de ne pas se blesser. Oui, et il fallait le ranger aussi afin que sa mère ne puisse pas s'en emparer. Il fallait éloigner de sa mère tout objet trop coupant. C'est pourquoi il faisait la cuisine et lavait la vaisselle lui-même. Sa mère aimait bien faire le ménage (sa chambre brillait comme un sou neuf) mais c'est Norman qui nettoyait les ustensiles et la cuisine. Il ne lui en avait jamais parlé franchement mais il se réservait toujours cette besogne.

Elle ne lui posait jamais de questions à ce sujet, et il en était heureux. Cette fille était venue samedi dernier. Une semaine s'était écoulée depuis et ils n'en avaient encore jamais discuté. C'eût été maladroit et embarrassant pour l'un et l'autre. Sa mère s'en était rendu compte, puisqu'elle semblait l'éviter volontairement. Elle passait presque tout son temps dans sa chambre et ne lui adressait que peu la parole. Sans doute n'avait-elle pas la conscience tranquille.

Et c'était ainsi que les choses devaient être. Tuer quelqu'un est une chose terrible. Et même si l'on a la tête dérangée, on le sait parfaitement. Sa mère ne devait pas être très à l'aise.

Peut-être le fait de parler la soulagerait-elle, mais Norman était heureux qu'elle n'en fît rien. Parce que *lui non plus* n'était pas à l'aise. Ce n'était pas sa conscience qui le tourmentait... c'était la peur.

Toute la semaine, il avait attendu qu'un incident se produisît. Chaque fois qu'une voiture prenait le chemin du motel, il suait d'angoisse. Et même les voitures qui passaient sur la grand-route le faisaient trembler d'angoisse.

Dimanche dernier, il avait fini de remettre en ordre le terrain bordant le marécage. Il avait amené sa voiture sur place, mis du bois dans la remorque, et quand tout fut terminé, rien ne restait qui pût attirer les soupçons. La boucle d'oreille avait rejoint le corps de la jeune fille au fond du marais. Quant à l'autre, il ne l'avait pas retrouvée. Il se sentait donc relativement en sécurité.

Mais jeudi soir, lorsque la voiture de la police routière s'était arrêtée devant le motel, il avait failli se trouver mal. Le policier voulait simplement se servir du téléphone. Après son départ, Norman s'était moqué de lui-même bien qu'il n'y eût pas de quoi rire !

Sa mère était assise à la fenêtre de sa chambre ; heureusement, le policier ne l'avait pas vue. Durant toute la semaine dernière, sa mère n'avait cessé d'épier par la fenêtre. Elle aussi sans doute avait peur des visites. Norman avait essayé de la convaincre de se cacher mais il n'avait pas eu le courage de lui dire pourquoi. Pas plus qu'il n'avait eu le courage de lui dire pourquoi il ne lui permettait pas de descendre au motel pour l'aider. Il se contentait de faire en sorte qu'elle n'y apparût pas. La vraie place de sa mère, c'était dans la maison. Il ne pouvait plus la laisser aller et venir parmi les étrangers. Plus maintenant. Et moins on en savait sur son compte, mieux ça valait. Il n'aurait jamais dû dire à cette fille que...

Norman finit de se raser et se lava les mains. Cette habitude de propreté tournait à la manie et surtout depuis la semaine dernière. Sentiment de culpabilité. Une vraie Lady Macbeth. Shakespeare en savait long sur la psychiatrie. Norman se demanda s'il en savait autant sur d'autres sujets. Le fantôme du père de Hamlet par exemple.

Ce n'était pas le moment d'y penser. Il fallait

qu'il descende ouvrir le motel.

Il avait un peu travaillé cette semaine. Mais il n'avait jamais loué plus de trois ou quatre chambres par nuit, heureusement pour lui. Comme ça, il n'avait pas besoin de louer la chambre 6, la chambre que la jeune fille avait occupée.

Il espérait bien ne jamais avoir à la louer. Plus jamais il ne ferait le « voyeur ». C'était de là qu'était venu tout le mal. S'il n'avait pas épié par ce trou dans le mur, s'il n'avait pas tant bu...

Inutile de pleurer sur le lait répandu, même si ce n'est pas vraiment du *lait*.

Norman s'essuya les mains en se détournant du miroir. Oublions le passé. Que les morts enterrent les morts. Les choses s'arrangeaient et cela seul importait. Sa mère se comportait bien, lui-même se comportait bien, et comme toujours, ils étaient ensemble. Toute une semaine s'était écoulée sans le moindre ennui. Et désormais, des ennuis, *il n'y en aurait plus*. Surtout s'il s'en tenait à sa résolution de se conduire comme un adulte et non pas comme un enfant accroché aux jupons de sa mère. *Et ça*, il l'avait décidé.

Il fit son nœud de cravate et quitta la salle de bains. Sa mère était dans sa chambre, en train de regarder par la fenêtre. Norman se demanda s'il fallait qu'il aille lui parler. Non, il valait mieux s'abstenir. Ils se disputeraient peut-être et il ne se sentait pas prêt à l'affronter. Qu'elle passe son temps à la fenêtre si ça lui faisait plaisir ! Pauvre vieille femme malade, enchaînée à cette maison ! Qu'elle regarde donc vivre les autres !

Bien sûr, à l'instant, c'était l'enfant qui parlait. Mais il se sentait prêt à lui faire cette concession à condition qu'il eût le courage de se conduire comme un homme raisonnable. A condition qu'il verrouillât la porte d'entrée en quittant la maison.

Toute la semaine, il avait fermé la porte à clef et c'était ce qui lui avait donné un sentiment tout neuf de sécurité. Il avait repris les clefs à sa mère, les clefs de la maison et celles du motel. Elle ne pouvait plus sortir, une fois qu'il l'avait quittée. Elle était en sécurité dans la maison, et lui était en sécurité dans le motel. Ce qui s'était passé la semaine dernière ne se reproduirait plus jamais tant qu'il observerait ces précautions. Après tout, c'était pour le bien de la vieille femme. Elle était mieux dans la maison que dans un asile.

Norman descendit le sentier et arriva devant le motel au moment où la camionnette qui livrait le linge effectuait sa tournée hebdomadaire. Il avait tout préparé pour le chauffeur. Il prit le linge propre et lui remit le sale en échange. De nos jours, c'est vraiment simple d'exploiter un motel.

Après le départ de la camionnette, Norman se mit à nettoyer la chambre 4 qui avait été occupée le jour précédent par un représentant de commerce de l'Illinois. Celui-ci était parti de bonne heure le matin. Comme d'habitude, il avait laissé la chambre en désordre. Des mégots sur le lavabo, un magazine par terre. Un de ces illustrés de science-fiction. Norman ricana en le ramassant. Science-fiction ! Si seulement on *savait*...

Mais personne ne savait. Personne ne saurait jamais. Personne ne devait savoir. Aussi longtemps qu'il se montrerait prudent avec sa mère, il ne courrait aucun risque. Il fallait qu'il la protège, elle, et il fallait qu'il protège les autres. Ce qui s'était passé la semaine dernière en était la preuve. Désormais il serait encore plus prudent, toujours. Pour le bien de tous.

Norman regagna son bureau et rangea le linge propre. Il y avait toujours du linge frais dans toutes les chambres. Il était prêt à accueillir les clients... s'il s'en présentait.

Tout fut calme jusqu'à quatre heures. Il demeura assis à surveiller la route. Bientôt, il s'ennuya et s'énerva. Il aurait bien bu de l'alcool s'il ne s'était rappelé sa promesse : « Plus d'alcool. » Il ne pouvait s'offrir le luxe de boire, pas même une goutte. L'alcool avait tué l'« Oncle » Joe Considine. C'était l'alcool qui, indirectement, était la cause du meurtre de cette jeune fille. Dorénavant, il ne boirait plus que de l'eau. Pourtant en ce moment, il aurait eu bien besoin d'un peu d'alcool. Rien qu'un verre...

Norman hésitait encore quand une voiture s'arrêta. Elle portait un numéro minéralogique de l'Alabama. Un couple entre deux âges en descendit et pénétra dans le bureau. L'homme était chauve et portait des lunettes à large monture. La femme était grosse et transpirait. Norman leur montra la chambre 1, à l'autre bout de la galerie, et leur demanda dix dollars pour la nuit. D'une voix traînante et haut perchée, la femme se plaignit de la chaleur qui régnait dans la pièce mais elle parut satisfaite quand Norman mit le ventilateur en marche. L'homme prit les valises et alla signer le registre. « *M. et Mme Herman Pritzler, Birmingham, Alabama.* » Comme c'étaient des touristes, leur séjour ne poserait pas de problème.

Norman se rassit et feuilleta les pages du magazine de science-fiction trouvé le matin. Le jour baissait et il devait être près de cinq heures à présent. Il alluma la lampe.

Une autre voiture s'engagea dans le sentier, un homme seul était au volant. Sans doute encore un représentant de commerce. Une Buick verte, avec un numéro du Texas.

Un numéro du *Texas !* A propos, cette Jane Wilson, ne venait-elle pas du Texas, elle aussi ?

Norman se leva et alla se mettre derrière le comptoir. Il vit l'homme descendre de voiture, entendit le crissement des pas sur le gravier, et ce bruit s'accordait étrangement avec le battement assourdi de son cœur.

« *Ce n'est qu'une simple coïncidence, se dit-il. Tous les jours, il y a des gens qui viennent du Texas. Pourquoi pas ? L'Alabama est encore plus loin d'ici.* »

L'homme entra. Il était grand et mince. Il portait un feutre gris à larges bords qui cachait le haut de son visage. On n'apercevait guère que son menton qui semblait hâlé sous les poils d'une barbe mal rasée.

— Bonsoir, dit-il, sans élever la voix.

— Bonsoir, répondit Norman qui, mal à son aise, piétinait sous le comptoir.

— C'est vous, le propriétaire ?

— Oui. Voulez-vous une chambre ?

— Pas pour le moment. Je cherche un renseignement.

— Avec plaisir si je peux vous le donner. Que voulez-vous savoir ?

— Je suis à la recherche d'une jeune fille.

Les mains de Norman se crispèrent. Elles étaient si engourdies qu'il ne les sentait plus. Tout son corps était engourdi. Son cœur ne palpitait plus : il semblait même s'être arrêté de battre. Tout était d'un calme absolu. Comme ce serait terrible s'il se mettait à hurler.

— Elle s'appelle Crane, renseigna l'homme. Mary Crane et elle vient de Fort Worth dans le Texas. Je me suis demandé si elle ne serait pas descendue ici par hasard.

Norman n'eut plus envie de hurler. Il avait plutôt envie de rire. Son cœur repris un rythme normal. Il lui était facile de répondre :

— Non, répondit-il. Je n'ai eu aucun client de ce nom.

— Vous en êtes sûr ?

— Certain. Nous n'avons pas tellement de passagers en ce moment et je me rappelle toujours les noms de mes clients.

— Cette jeune fille se serait arrêtée ici il y a une semaine environ. Samedi soir ou dimanche.

— Personne n'est venu ici pendant le dernier week-end. D'ailleurs, il faisait très mauvais.

— Vous en êtes sûr ? Cette jeune fille... cette jeune femme, devrais-je dire... a environ vingt-sept ans. Elle mesure à peu près un mètre soixante-cinq, elle pèse soixante kilos, elle a des cheveux foncés et des yeux bleus. Elle conduit un cabriolet Plymouth de 1953 dont le pare-chocs a été embouti à l'avant gauche. Le numéro de sa voiture est...

Norman n'écoutait plus. Pourquoi diable avait-il dit que personne n'était venu en fin de semaine ? A la description que l'homme faisait de la jeune fille, Norman se rendit compte qu'il la connaissait parfaitement. Ce qui ne prouvait pas qu'elle avait séjourné dans le motel. Norman pouvait le nier. Et il fallait nier jusqu'au bout.

— Non, je crains de ne pouvoir vous être d'aucun secours.

— Cette description ne vous rappelle-t-elle pas quelqu'un qui serait venu ici la semaine dernière ? Il est presque sûr qu'elle se sera inscrite sous un autre nom. Peut-être pourriez-vous me confier votre registre pendant quelques instants...

Norman posa sa main sur le livre et fit non de la tête :

— Je regrette, monsieur, trancha-t-il, je ne peux pas.

— Cette carte va sans doute vous faire changer d'avis.

L'homme fouilla dans la poche intérieure de sa veste. Norman se demanda un instant s'il allait lui offrir de l'argent. Mais il sortit simplement son portefeuille, sans en tirer le moindre billet de banque. Il se contenta de l'ouvrir, de le déposer sur le comptoir et Norman put lire la carte.

— Je m'appelle Milton Arbogast, et je suis le détective d'enquête pour le compte de la Compagnie Parity.

— Vous êtes détective ?

— Oui et je suis en mission, monsieur...

— Norman Bates.

— Monsieur Bates. Ma société m'a chargé de retrouver cette jeune femme et je vous serais reconnaissant de m'aider. Bien entendu, si vous refusez de me laisser voir votre registre, je peux m'adresser à la police locale. Je pense que vous le savez.

Norman ne le savait pas mais il était sûr de

ceci : il ne fallait pas que la police vienne mettre son nez dans ses affaires. Il hésitait, la main toujours posée sur le registre.

— Mais que s'est-il passé ? demanda-t-il. Qu'est-ce que cette fille a fait ?

— Elle a volé une voiture.

Norman éprouva un léger soulagement. Il avait craint quelque chose de beaucoup plus sérieux, par exemple qu'elle fût recherchée pour un délit grave. Auquel cas, il y aurait enquête officielle. Mais pour une voiture volée, une vieille guimbarde pareille...

— Très bien, fit-il. Allez-y, prenez le livre. Je voulais m'assurer que vous aviez une raison valable. Il lui tendit le registre.

— La raison est très valable.

Mais M. Arbogast n'ouvrit pas tout de suite le livre. Il sortit une enveloppe de sa poche et la déposa sur le comptoir. Puis il feuilleta les pages et du doigt pointa la liste des clients.

Norman suivait des yeux le pouce carré qui soudain s'arrêta.

— Ne m'avez-vous pas dit que vous n'aviez eu personne samedi et dimanche derniers ?

— A vrai dire, je ne sais plus très bien. Il est possible que nous ayons eu un ou deux clients, mais nous n'avons pas eu grand monde.

— Et cette personne ? Cette Jane Wilson de San Antonio ? Elle a signé le registre l'autre samedi.

— Oh, ça me revient... vous avez raison.

De nouveau son cœur sautait dans sa poitrine et Norman sut qu'il avait commis une erreur en prétendant que la description ne lui rappelait rien. Mais, maintenant, c'était trop tard. Et quelles explications donner pour ne pas éveiller de soupçons chez le détective ? Qu'allait-il dire ?

Pour le moment, le détective ne disait rien. Il avait approché l'enveloppe du registre et comparait les deux écritures. Voilà pourquoi il avait sorti cette enveloppe de sa poche. C'était l'*écriture de la jeune fille*. Maintenant Arbogast savait. *Oui*, il *savait*.

Norman le comprit quand le détective releva la tête et le regarda. Devant lui, en gros plan, il voyait dans l'ombre du chapeau, le regard froid, le regard qui *savait*.

— C'est bien la même jeune femme. Les écritures sont identiques.

— Vraiment ? Vous en êtes sûr ?

— J'en suis tellement sûr que je vais en faire faire une photo, même s'il faut obtenir un mandat du tribunal. Et je ne m'arrêterai pas là si vous ne me dites pas toute la vérité. Pourquoi avez-vous menti en prétendant ne pas avoir vu cette jeune femme ?

— Je n'ai pas menti. J'avais oublié...

— Vous m'avez dit que vous aviez de la mémoire.

— D'habitude oui. Mais...

— Il vous reste à prouver que ce n'est pas une omission volontaire.

Arbogast alluma une cigarette :

— Au cas où vous l'ignoreriez, le vol de voiture n'est pas du ressort du tribunal de simple police. Ça va beaucoup plus loin. Vous ne voudriez pas être inculpé de complicité, je pense ?

— Inculpé. A quel titre ? Une femme s'arrête ici, prend une chambre, passe la nuit et s'en va le lendemain. Et c'est pour ça que je pourrais être inculpé ?

— Oui, pour dissimulation de renseignements.

M. Arbogast aspira longuement la fumée.

— Allons, parlez maintenant. Vous avez vu cette femme. Comment est-elle ?

— Telle que vous l'avez décrite, il me semble. Il pleuvait à verse quand elle est arrivée et j'étais occupé. Je ne l'ai pas regardée très attentivement. Je l'ai fait signer sur le registre, je lui ai donné la clef et c'est tout.

— Vous a-t-elle dit quelque chose ? De quoi avez-vous parlé tous les deux ?

— Du temps, probablement. Je ne me rappelle pas.

— Vous a-t-elle semblé mal à l'aise ? Y avait-il quelque chose en elle qui ait pu éveiller vos soupçons ?

— Non, absolument rien. Elle était comme n'importe quelle touriste.

— Bon, ça va.

M. Arbogast écrasa son mégot dans le cendrier.

— Elle ne vous a pas frappé, hein ? D'accord, vous n'aviez aucune raison de la suspecter. Ensuite, elle n'a pas suscité en vous de sympathie particulière. En somme, elle vous a paru parfaitement indifférente.

— Exactement.

M. Arbogast se pencha vers lui et continua sur un ton désinvolte :

— Alors pourquoi avez-vous essayé de la couvrir en prétendant ne pas vous rappeler sa venue ?

— Je n'ai pas essayé du tout. J'avais simplement oublié, je vous dis.

Norman comprit qu'il venait de faire un faux pas mais il n'irait pas plus loin.

— Qu'essayez-vous d'insinuer ?... Croyez-vous que *je* l'aie aidée à voler la voiture ?

— On ne vous accuse pas, monsieur Bates. J'ai simplement besoin de réunir tous les faits. Vous dites qu'elle était seule ?

— Oui, seule. Elle a pris une chambre et est partie le lendemain matin. A l'heure qu'il est, elle doit se trouver à plus de quinze cents kilomètres...

— Sans doute, sourit M. Arbogast. Mais n'allons pas si vite, je vous prie. Peut-être pourrez-vous vous souvenir de quelque chose. Elle est partie toute seule, n'est-ce pas ? A quelle heure d'après vous ?

— Je ne sais pas. Le dimanche matin, je dormais là-bas, dans la maison.

— Alors, dans ce cas-là, comment savez-vous qu'elle est bien partie *toute seule ?*

— A vrai dire, je serais incapable de le prouver.

— Et pendant la soirée ? A-t-elle reçu des visites ?

— Non.

— Vous en êtes certain ?

— Tout à fait.

— Est-ce que par hasard quelqu'un d'autre l'aurait vue cette nuit-là ?

— C'était la seule cliente.

— Et vous étiez seul au motel ?

— Oui, seul.

— Elle n'a pas quitté sa chambre ?

— Non.

— De toute la soirée. Elle n'a même pas donné un coup de téléphone ?

— Bien sûr que non.

— Ainsi donc vous étiez le seul à savoir qu'elle était chez vous ?

— Je vous l'ai déjà dit.

— Et la vieille dame... l'a-t-*elle* vue ?

— Quelle vieille dame ?

— Celle qui est là-bas, dans la maison.

Norman sentit les battements de son cœur se précipiter : sa poitrine lui semblait sur le point d'éclater. Il aurait voulu lui affirmer : « Il n'y a pas de vieille dame ici. » Mais M. Arbogast parlait toujours :

— Je l'ai vue en arrivant. Elle regardait par la fenêtre. Qui est-ce ?

— C'est ma mère.

Il était bien obligé de le dire : il n'y avait pas d'autre issue possible. Aucune autre issue. Il put fournir cette explication :

— Elle est très faible. Elle ne vient plus jamais au motel maintenant.

— Alors, elle n'a pas vu cette jeune femme ?

— Non. Ma mère est malade. Elle était dans sa chambre lorsque nous avons dîn...

La phrase lui avait échappé. C'était à cause de M. Arbogast : il avait posé ses questions trop vite et il l'avait fait exprès pour l'embrouiller. Lorsque le détective s'était mis à lui parler de sa mère, Norman avait été pris de court. Il n'avait songé qu'à la protéger *elle* et voilà que...

M. Arbogast lâcha le ton désinvolte :

— Vous avez dîné avec Mary Crane, dans votre maison ?

— Nous n'avons pris que du café et des sandwiches. Je... je pensais vous l'avoir déjà dit. Ça s'est passé comme ça : elle m'a demandé où elle pourrait trouver quelque chose à manger. Je lui ai dit d'aller à Fairvale mais comme c'est à peu près trente kilomètres d'ici et qu'il pleuvait, je l'ai finalement emmenée à la maison avec moi. Voilà toute l'histoire.

— Et de quoi avez-vous parlé ?

— Nous n'avons parlé de rien. Je vous ai déjà dit que ma mère est malade et je ne voulais pas la déranger. Elle a été malade toute la semaine et je crois que c'est ce qui m'a bouleversé au point d'en oublier certains faits. Comme la venue de la jeune fille et notre dîner. Ça m'est sorti de l'esprit.

— Et rien d'autre ne vous serait sorti de l'esprit, par hasard ? Vous et cette jeune fille ne seriez-vous pas revenus ici ensemble pour vous amuser tous les deux...

— Non. Ce n'est pas vrai. Comment pouvez-vous parler ainsi ? De quel droit ? Je... je... je refuse de continuer à répondre à vos questions. Je vous ai dit tout ce que vous vouliez savoir. Maintenant, fichez-moi le camp !

— Bien, fit Arbogast en rabaissant le bord de son feutre. Je m'en vais, mais pas avant d'avoir posé quelques questions à votre mère. Elle, elle a peut-être remarqué quelques petites choses que vous avez oubliées.

— Je vous ai dit qu'elle n'a même pas *vu* cette fille.

Norman quitta le comptoir.

— En outre, vous ne pouvez pas lui parler, elle est trop malade.

Il lui fallait crier pour couvrir le bruit des battements de son cœur.

— Je vous défends d'aller la voir.

— Dans ce cas, je vais revenir avec un mandat de perquisition.

Il bluffait et Norman le savait.

— C'est ridicule ! personne ne vous en délivrera un... Qui voudrait croire que j'ai volé une vieille voiture ?

M. Arbogast alluma une autre cigarette et jeta l'allumette dans le cendrier.

— Je crains que vous ne compreniez pas, scanda-t-il presque doucement. Ce n'est pas tellement de la voiture qu'il s'agit. Autant tout vous raconter. Cette jeune femme, Mary Crane, a volé quarante mille dollars en espèces à une agence immobilière de Fort Worth.

— Quarante mille...

— Oui. Elle s'est sauvée avec l'argent. Vous voyez que c'est une affaire grave. C'est pourquoi tout ce que je pourrai découvrir a de l'importance. Et c'est pourquoi aussi j'insiste pour aller parler à votre mère. Avec ou sans votre permission.

— Mais je vous ai déjà dit qu'elle ne sait rien, qu'elle n'est pas bien, pas bien du tout.

— Je vous promets de ne rien dire qui puisse la bouleverser.

M. Arbogast prit son temps :

— Mais si vous préférez que je revienne avec le shérif et un mandat...

— Non.

Norman s'empressa de secouer la tête.

— Il ne faut pas faire cela.

Il hésitait et pourtant il n'y avait plus lieu d'hésiter. *Quarante mille dollars,* se dit-il. *Pas étonnant qu'il m'ait posé tant de questions. Ce type pourrait certainement obtenir un mandat de perquisition. Inutile de faire du scandale surtout avec ce couple de l'Alabama au fond de la galerie. C'est sans issue. Sans aucune issue.*

— Entendu, fit Norman. Vous pourrez aller lui parler mais pas avant que je ne l'aie avertie de votre visite. Je ne veux pas que vous fassiez irruption chez elle sans qu'elle soit prévenue ; ça risquerait de trop l'émouvoir.

Il se dirigea vers la porte :

— Restez ici au cas où quelqu'un viendrait.

— Okay, acquiesça Arbogast.

Et Norman sortit précipitamment.

Ce n'était pourtant pas dur de monter le raidillon mais Norman crut qu'il ne pourrait jamais y arriver. Son cœur battait aussi violemment que l'autre nuit, tout était comme l'autre nuit, rien n'avait changé. Quoi qu'on fasse, on ne peut jamais s'en sortir, ni en essayant de se conduire comme un bon petit garçon, ni en essayant de se conduire comme un adulte. Rien ne le tirerait jamais d'affaire parce qu'il était ce qu'il était, c'est-à-dire pas grand-chose. Incapable de se sauver et incapable de sauver sa mère. Et si maintenant il devait espérer une aide quelconque, elle ne pouvait venir que de sa mère.

Il ouvrit la porte, grimpa les escaliers, entra dans la chambre. Il avait l'intention de s'adresser à elle avec calme mais quand il la vit assise devant la fenêtre, il ne put se contenir. Il se mit à trembler. Les larmes jaillirent de ses yeux et coulèrent sur ses joues. Il était secoué de sanglots et posa sa tête contre la jupe de sa mère pour tout lui raconter.

— J'ai compris, dit sa mère.

Elle ne semblait pas étonnée du tout.

— Nous allons régler cette affaire. Laisse-moi m'occuper de tout.

— Maman, si tu acceptes de lui parler pendant une minute, si tu lui dis que tu ne sais rien, alors il s'en ira.

— Oui, mais il reviendra. Quarante mille dollars, c'est une jolie somme. Pourquoi me l'as-tu caché ?

— Je l'ignorais. Je te le jure. Je l'ignorais.

— Je te crois, mais lui ne te croira pas. Il ne te croira pas et il ne me croira pas non plus. Il croira probablement que nous sommes tous deux dans le coup, ou que nous avons fait quelque chose à la jeune fille à cause de l'argent. Tu comprends ?

— Maman...

Il ferma les yeux. Il ne pouvait la regarder.

— Que vas-tu faire ?

— Je vais m'habiller. Nous voulons être prêts pour recevoir notre visiteur, n'est-ce pas ? Je passe dans la salle de bains. Toi, retourne auprès de ce M. Arbogast et dis-lui de monter.

— Non. C'est impossible. Je ne veux pas l'amener ici. Pas si tu vas le...

Non. Il ne pouvait pas. Il ne pouvait faire un mouvement. Il aurait voulu s'évanouir mais même ça n'aurait pas empêché ce qui devait arriver.

D'ici quelques minutes, M. Arbogast serait fatigué d'attendre. Il monterait à la maison de lui-même, il frapperait à la porte, il l'ouvrirait et entrerait. Et alors...

— Maman, je t'en supplie, *écoute-moi*...

Mais elle n'écouta pas car elle était dans la salle de bains, en train de s'habiller. Elle se maquillait, elle allait être prête. *Etre prête.*

Et soudain, elle apparut à pas léger, vêtue de sa belle robe à volants. Son visage était poudré de frais, ses pommettes rosies de fard. Elle était jolie comme une gravure et elle souriait tout en descendant l'escalier.

A mi-chemin, elle entendit frapper.

Ça y était : M. Arbogast arrivait. Norman voulut crier pour le mettre en garde mais les paroles ne purent sortir de sa gorge. Il ne put qu'entendre sa mère crier gaiement :

— J'arrive, j'arrive... un instant.

Et, en vérité, il ne *s'écoula* qu'un instant.

Sa mère ouvrit la porte et M. Arbogast entra. Il la regarda, ouvrit la bouche pour parler. Ce faisant, il leva la tête. Et c'était ce que sa mère attendait. Elle étendit le bras et brandit quelque chose de brillant. Un éclair étincela d'avant en arrière, d'arrière en avant...

Norman en eut mal aux yeux et il se refusa à regarder. Il était inutile de regarder, d'ailleurs. Il savait déjà.

Sa mère avait trouvé le rasoir...

X

Norman sourit à l'homme d'un certain âge et dit :

— Voici votre clef. Ce sera dix dollars pour tous les deux, s'il vous plaît.

La femme ouvrit son sac :

— J'ai l'argent, Homer.

Elle déposa un billet sur le comptoir et fit un petit signe de tête à Norman. Puis elle le regarda plus attentivement en clignant des yeux :

— Qu'avez-vous, lui demanda-t-elle, vous ne vous sentez pas bien ?

— Euh... je... je suis sans doute un peu fatigué. Ce n'est rien. Je vais fermer, à présent.

— Mais il est encore tôt. Je croyais que les motels restaient ouverts toute la nuit. Surtout le samedi.

— Nous n'avons pas beaucoup de clients ici. Et puis, il est près de dix heures.

Près de dix heures. Quatre heures se sont écoulées. Mon Dieu !

— Ah bon, je comprends. Alors, bonne nuit.

— Bonne nuit.

Ils allaient sortir et alors il pourrait quitter le comptoir, éteindre la lumière et verrouiller la porte du bureau. Mais avant tout, il fallait qu'il boive quelque chose, un grand verre d'alcool parce qu'il en avait besoin. Et de toute façon, ça n'avait pas d'importance qu'il bût ou non. Rien n'avait plus d'importance. Tout était fini. Tout était fini. A moins que tout commence, au contraire.

Norman avait déjà absorbé plusieurs verres. Il en avait pris un en revenant au motel vers six heures. Et depuis, il avait continué. Sinon, il n'aurait pas pu tenir le coup ; il n'aurait jamais pu rester là, sachant ce qui gisait là-bas dans la maison, sous le tapis de l'entrée. C'était là qu'il l'avait laissé, sans essayer de bouger quoi que ce soit. Il avait ramené les quatre coins du tapis et l'en avait recouvert. Il y avait pas mal de sang mais il ne percerait pas. En outre, il ne pouvait *rien faire d'autre*. En tout cas, pas tant qu'il faisait grand jour.

Maintenant, bien sûr, il fallait qu'il retourne là-bas. Il avait ordonné à sa mère de ne toucher à rien et il savait qu'elle obéirait. C'était bizarre, dès que tout avait été fini, elle s'était de nouveau effondrée. Il semblait qu'elle pût accomplir n'importe quoi mais quand la crise de démence — c'était comme ça que ça s'appelait, n'est-ce pas ? — était passée, alors elle disparaissait et il devait prendre la situation en main. Il lui avait dit de retourner dans sa chambre et de *ne plus* se montrer à la fenêtre, de se coucher et d'attendre qu'il revienne. Et, il avait fermé la porte à clef.

Mais il faudrait bien qu'il rouvre à présent.

Norman ferma le bureau et sortit. Il y avait la Buick de M. Arbogast, arrêtée à l'endroit où il l'avait laissée.

Ne serait-ce pas merveilleux s'il pouvait monter dans la voiture et partir droit devant lui ? Partir d'ici, aller très loin et ne jamais revenir. Quitter le motel, quitter sa mère, quitter cette chose qui gisait sous un tapis dans l'entrée ?

Pendant quelques instants, il fut envahi par cette tentation. Pendant quelques instants seulement. Puis elle se dissipa et Norman haussa les épaules. De toute façon, ça ne servirait à rien, Norman le savait. Il ne pourrait jamais partir assez loin pour vivre en sécurité. Et de plus, il y avait cette chose qui l'attendait. Oui, qui l'attendait...

Il regarda la grand-route à droite et à gauche puis il se tourna vers les chambres 1 et 3 pour voir si les volets étaient baissés. Ensuite, il monta dans la voiture de M. Arbogast, prit les clefs qu'il avait trouvées dans la poche de M. Arbogast, et conduisit l'auto vers la maison, très lentement.

Toutes les lumières étaient éteintes. Sa mère était endormie dans sa chambre, à moins qu'elle ne fît semblant. Norman s'en moquait. Comme ça, elle ne serait pas dans ses jambes quand il s'occuperait du corps. Il ne voulait pas que sa mère s'agite autour de lui, ce qui lui donnait toujours l'impression qu'il était un petit garçon. Il avait à faire un travail d'homme. D'un homme adulte.

Il fallait être un homme pour nouer ensemble les quatre coins du tapis et soulever ce qui était à l'intérieur. Il descendit le paquet et le hissa à l'arrière de la voiture. Il avait eu raison de supposer que le sang ne percerait pas. Ces vieux tapis de haute laine absorbent bien le liquide.

Quand il traversa le champ afin d'atteindre le marécage, il suivit un petit sentier jusqu'à un terrain vague. Il n'allait pas essayer d'enliser la voiture au même endroit que l'autre. Mais ce nouveau coin qu'il avait choisi lui paraissait satisfaisant et il emploierait la même méthode. Dans un certain sens, c'était vraiment facile. Rien de tel que la pratique !

Pourtant, il n'y avait pas de quoi s'amuser. Il était là, assis sur un tronc d'arbre, attendant que la voiture s'enfonce. C'était pire que la dernière fois. On aurait pu penser que la Buick, qui était plus lourde, s'enliserait plus facilement. Eh bien, pas du tout ; il sembla à Norman que ça durerait un million d'années. Enfin, il entendit le « plouc » final !

Voilà. Elle avait disparu pour toujours. Comme cette fille et ses quarante mille dollars. Où les avait-elle donc mis ? Certainement pas dans son sac, ni dans sa valise. Peut-être dans sa trousse de toilette ou quelque part dans la voiture. Il aurait dû regarder. Oui, c'était ce qu'il aurait dû faire. Bien sûr, mais ce n'était pas le moment de fouiller, même s'il avait su quelque chose. Et s'il *l'avait trouvé* cet argent, que se serait-il passé ? Probablement qu'il se serait trahi auprès du détective. On se trahit toujours quand on a quelque chose sur la conscience. Il n'était pas responsable de toute cette histoire et de ça, au moins, il pouvait être satisfait. Oh ! il savait ce que voulait dire le mot complice. D'un autre côté, il fallait qu'il protège sa mère. Il songeait bien à lui-même, mais c'était vraiment sa mère qui le préoccupait constamment.

Norman retraversa le champ en sens inverse, très lentement. Le lendemain, il faudrait qu'il revienne avec la voiture et la remorque — recommencer exactement ce qu'il avait fait la dernière fois. Mais c'était loin d'être aussi important que le reste.

C'était sa mère qu'il devait surveiller et sur qui il devait veiller.

Il avait tourné et retourné le problème dans sa tête : inutile de jouer les autruches !

Quelqu'un viendrait sûrement ici pour enquêter au sujet du détective.

C'était évident. La Compagnie — la Mutual quelque chose..., qui l'employait ne le laisserait pas disparaître sans le chercher. Sans doute, avaient-ils eu de ses nouvelles toute la semaine. Et en plus, l'agence immobilière s'en préoccuperait également. On ne se désintéresse pas de quarante mille dollars comme ça !

Donc tôt ou tard, on poserait des questions auxquelles il faudrait répondre. Il se passerait plusieurs jours, ou peut-être une semaine, comme ç'avait été le cas pour la jeune fille. Mais il savait que ça arriverait. Et cette fois, il serait prêt.

Il avait tout arrangé. Quelle que soit la personne qui se présenterait, il aurait une histoire toute préparée. Il l'apprendrait par cœur, la répéterait, pour être sûr de ne pas commettre la même erreur que ce soir. Personne ne réussirait à l'émouvoir ou à l'embrouiller, puisqu'il saurait à l'avance ce qui allait se passer. Il dirait exactement ce qu'il fallait quand le moment viendrait de répondre.

La jeune fille avait séjourné au motel, c'était vrai. Il le reconnaîtrait immédiatement mais, bien sûr, il dirait ne s'être douté de rien pendant qu'elle était là. C'était M. Arbogast qui le lui avait appris, quand il était venu une semaine plus tard. La jeune fille avait passé la nuit et était repartie. Il ne soufflerait pas mot de la conversation qu'il avait eue avec elle et moins encore du dîner qu'ils avaient partagé dans la maison.

Ce qu'il dirait, cependant, c'est qu'il avait tout raconté à M. Arbogast. Ce dernier avait dressé l'oreille quand Norman avait signalé que la jeune fille avait demandé la distance qui les séparait de Chicago et si elle pouvait faire la route dans la journée.

Voilà ce qui avait intéressé M. Arbogast. Et il avait beaucoup remercié Norman, était remonté en voiture et était parti. Non, il n'avait aucune idée de la direction qu'il avait prise. M. Arbogast ne le lui avait pas dit. Il était parti, c'est tout. Quelle heure pouvait-il être ? Un peu près le dîner, samedi soir.

Et c'était tout. Un simple récit des faits. Pas de détails spéciaux. Rien qui puisse susciter les soupçons. Une jeune fille en fuite était passée par-là, puis avait continué son chemin. Une semaine plus tard, un détective avait découvert sa trace, avait demandé des renseignements qu'on lui avait fournis, puis, à son tour, était parti. « Désolé, monsieur, c'est tout ce que je sais. »

Norman savait qu'il pourrait raconter les choses de cette façon, et les raconter calmement et sans peine cette fois. Parce qu'il n'aurait pas besoin de s'inquiéter pour sa mère.

Elle ne serait pas en train de regarder par la fenêtre. En fait, elle ne serait pas du tout dans la maison. Même s'ils se présentaient avec leurs mandats de perquisition, ils ne trouveraient pas sa mère.

C'était le meilleur moyen de la protéger. Il s'agissait de la protéger elle, encore plus que lui. Il avait pris une décision et il veillerait à ce que tout se passe bien. Inutile d'attendre jusqu'au lendemain.

« Curieux, se disait-il, maintenant que tout est fini, je me sens plein de confiance. » Ce n'était pas comme la dernière fois quand il s'était effondré et qu'il avait ressenti le besoin de savoir sa mère près de lui. Cette fois, il avait besoin de savoir qu'elle *n'était pas là*. Et il sentait qu'il avait le courage de le lui dire.

Aussi monta-t-il l'escalier dans l'obscurité et alla directement dans sa chambre. Il alluma l'électricité. Elle était dans son lit, bien sûr, mais elle ne dormait pas. Elle n'avait pas dormi du tout : elle avait joué la comédie du sommeil.

— Norman, où diable étais-tu ? J'étais si inquiète...

— Tu sais très bien où j'étais, maman, n'essaie pas de simuler.

— Tout va bien ?

— Certainement.

Il aspira profondément.

— Maman, reprit-il, je vais te demander de ne plus dormir dans ta chambre pendant les semaines qui viennent.

— Qu'est-ce que ça veut dire ?

— Exactement ce que je viens de te dire : je te

prie de ne pas coucher ici pendant les semaines qui viennent.

— Es-tu fou ? C'est ma chambre.

— Je le sais. Et je ne te demande pas de la quitter pour toujours. Pour quelque temps seulement.

— Mais pourquoi diable...

— Maman, je te prie de m'écouter et d'essayer de comprendre. Nous avons eu un visiteur ici aujourd'hui.

— Faut-il vraiment parler de ça ?

— Oui, parce que tôt ou tard, quelqu'un se présentera au motel pour enquêter à son sujet. Et je dirai qu'il est venu et reparti.

— Bien sûr, mon fils, c'est ce que tu diras et l'histoire s'arrêtera là.

— Peut-être. Je l'espère. Mais je ne veux pas courir de risques. Il est possible qu'ils fouillent la maison.

— Eh bien, qu'ils la fouillent : il n'y sera pas.

— Toi non plus.

Il avala sa salive et se dépêcha de continuer :

— Ecoute, maman, c'est pour ton bien. Je ne veux pas me permettre de laisser quelqu'un te voir, comme c'est arrivé aujourd'hui avec le détective. Je ne veux pas que quelqu'un commence à te poser des questions. Tu sais aussi bien que moi pourquoi. C'est absolument impossible. Pour être en sécurité l'un et l'autre, il ne faut pas qu'on te voie dans la maison.

— Que vas-tu faire ? M'enterrer dans le marais ?

— Maman...

Elle se mit à rire. On eût dit plutôt un coassement. Il savait que lorsqu'elle commençait, elle ne voulait pas s'arrêter. La seule manière de l'arrêter, c'était de faire plus de bruit qu'elle. Une semaine plus tôt, Norman n'aurait pas osé. Mais ce temps était passé et aujourd'hui les choses étaient différentes. Aujourd'hui il devait affronter la vérité. Sa mère était plus que malade. C'était une névrosée. Et une névrosée dangereuse. Il fallait qu'il la surveille et il la surveillerait.

— Tais-toi, ordonna-t-il, et le coassement cessa. Excuse-moi, ajouta-t-il avec douceur, mais tu dois m'écouter. J'ai tout préparé. Je vais te porter en bas dans le cellier.

— Dans le cellier ? Voyons, je ne veux...

— Si, tu peux y rester et tu y resteras. Il le faut. Je veillerai à ce que tu ne manques de rien. Il y a de la lumière et j'installerai un lit pour toi et...

— *Je n'irai pas.*

— Je ne te demande pas ton avis, maman, je te dis ce qu'il faut faire. Tu vas rester dans le cellier jusqu'à ce que j'estime que tu peux remonter sans danger. Et je suspendrai cette vieille couverture indienne sur le mur pour cacher la porte. Personne ne remarquera rien, même si par hasard quelqu'un se donne la peine de descendre dans la cave. Ainsi, nous serons sûrs, l'un et l'autre, que tu ne cours aucun danger.

— Norman, je refuse de discuter ce sujet plus longtemps avec toi. Je ne bougerai pas de cette pièce.

— Dans ce cas, je te porterai.

— Norman, tu *n'oserais pas.*

Mais il osa bel et bien. Finalement, il la prit sur son lit et il la porta. En comparaison de M. Arbogast, elle était légère comme une plume et elle sentait le parfum tandis que le détective dégageait une odeur de vieux tabac. Elle était trop étonnée pour discuter. Elle se contenta de pousser quelques gémissements. Norman était stupéfait de voir comme tout avait été facile, à partir du moment où il avait décidé d'aller jusqu'au bout. Voyons, après tout, ce n'était qu'une vieille femme malade, une pauvre chose faible et fragile. Il n'y avait pas lieu d'avoir peur d'elle. C'était elle qui avait peur de *lui* maintenant. Oui, elle devait avoir grand-peur car pas une fois, pendant toute la scène, elle ne l'avait appelé « mon petit ».

— Je vais arranger ton lit, lui expliqua-t-il, et il y a un pot...

— Norman, comment *peux-tu* parler ainsi ?

Pendant quelques instants, elle s'emporta comme jadis, puis elle se calma. Il s'empressait, apportant des couvertures, arrangeant les rideaux autour de la petite fenêtre pour que l'aération soit suffisante.

Elle se remit à gémir. Mais ces gémissements ressemblaient davantage à des murmures.

— C'est une cellule de prison, marmonnait-elle, voilà ce que c'est. Tu essaies de me transformer en prisonnière. Tu ne m'aimes plus, Norman, tu ne m'aimes plus, sinon tu ne me traiterais pas ainsi.

— Si je ne t'aimais pas, sais-tu où tu serais aujourd'hui ?

Il n'aurait pas voulu dire, mais il ne put retenir ses paroles :

— Tu serais à l'asile d'aliénés, dans la partie réservée aux fous criminels. C'est là que tu serais.

Il éteignit la lumière, tout en se demandant si elle l'avait entendu, si les mots étaient parvenus jusqu'à son cerveau.

Apparemment, elle avait compris. Car, lorsqu'il eut refermé la porte, elle lui répondit. Sa voix était étrangement douce dans les ténèbres, mais pourtant les mots s'enfonçèrent dans sa chair plus profondément que la lame de rasoir dans la gorge de M. Arbogast.

— Oui, Norman, tu as sans doute raison. C'est là que je serais probablement. Mais je n'y serais pas toute seule.

Norman claqua la porte, la ferma à clef et s'éloigna. Sans en être tout à fait sûr, il crut l'entendre rire doucement dans la nuit tandis qu'il montait les marches de la cave quatre à quatre.

XI

Sam et Lila étaient assis dans l'arrière-boutique du magasin, attendant qu'Arbogast arrive. Mais ils n'entendaient que les bruits du samedi soir.

— On peut facilement reconnaître la soirée du samedi dans une ville comme celle-ci, commentait Sam. Les bruits sont différents. Prenez le trafic, par exemple. Il y en a plus que d'habitude et les voitures roulent plus vite. Parce que le samedi soir, ce sont les jeunes qui prennent les autos des parents. Et tous ces bavardages et ces cris que vous entendez, ce sont les familles de fermiers des environs qui parquent leurs voitures. Ils viennent en ville dans leurs vieilles guimbardes pour aller au spectacle. Les ouvriers agricoles s'empressent de se rendre dans les brasseries. Et les bruits de pas, vous avez remarqué ? Ils sont différents aussi. Vous entendez ces gens qui courent ? Ce sont les gosses. Le samedi, ils se couchent plus tard. Ils n'ont pas de devoirs à faire.

— Bah, probablement qu'à Fort Worth, c'est plus bruyant qu'ici, même les autres soirs de la semaine.

— Probablement, admit Lila.

Au bout d'un moment, elle ajouta :

— Sam, pourquoi n'est-il pas encore ici ? Il est presque neuf heures.

— Vous devez avoir faim.

— Ce n'est pas ça. Mais pourquoi n'arrive-t-il pas ?

— Peut-être est-il retenu, peut-être a-t-il découvert quelque chose d'important.

— Il pourrait au moins téléphoner. Il sait combien nous sommes inquiets.

— Patientez encore un petit peu...

— Je suis fatiguée d'attendre !

Lila se leva et repoussa sa chaise. Elle se mit à arpenter nerveusement la pièce étroite.

— D'abord, je n'aurais jamais dû accepter d'attendre. J'aurais dû m'adresser directement à la police. Attendez, attendez, attendez... on m'a rebattu les oreilles avec ces mots depuis le début de la semaine. D'abord, M. Lowery, ensuite, Arbogast, et maintenant, vous. Parce que vous tous, vous ne pensez qu'à l'argent et pas à ma sœur. Personne ne se soucie de savoir ce qui a pu arriver à Mary, personne sauf moi !

— Ce n'est pas vrai. Vous connaissez mes sentiments à son égard.

— Alors comment pouvez-vous supporter cette attente ? Pourquoi ne faites-vous pas quelque chose ? Quel genre d'hommes êtes-vous donc pour pouvoir rester assis à égrener des lieux communs en un moment pareil ?

Elle attrapa son sac et le bouscula en passant.

— Où allez-vous ? demanda Sam.

— Je vais voir votre shérif, de ce pas.

— Ce serait aussi facile de lui téléphoner. Et d'ailleurs, nous voulons être ici quand Arbogast arrivera.

— *S'il* arrive. Peut-être est-il parti pour de bon s'il a découvert quelque chose. Il n'a pas besoin de revenir.

La voix de Lila montait et atteignait le diapason de l'hystérie.

Sam la prit par le bras.

— Asseyez-vous, conseilla-t-il, je vais appeler le shérif.

Elle n'essaya pas de le suivre quand il sortit de la pièce pour aller dans le magasin. Il se dirigea vers le comptoir, se tint debout près de la caisse enregistreuse et décrocha le récepteur.

— Le 162, s'il vous plaît. Allô, le bureau du shérif ? Ici Sam Loomis, de la quincaillerie. Je voudrais parler au shérif Chambers. Il est *quoi ?* Non, je n'en savais rien. Où avez-vous dit qu'il était... à Fulton ? Quand pensez-vous qu'il sera de retour ? Oui, je comprends. Non, rien de spécial. Je voulais simplement lui parler. Ecoutez, s'il rentre à n'importe quelle heure avant minuit, voulez-vous le prier de m'appeler au magasin ? J'y serai toute la nuit. Oui. Merci, je vous en serais reconnaissant.

Sam raccrocha et retourna dans l'arrière-boutique.

— Qu'est-ce qu'il a dit ?

— Il n'était pas là.

Sam lui rapporta la conversation, tout en observant son visage tandis qu'il parlait.

— Il paraît que l'on a cambriolé la banque de Fulton, ce soir, à l'heure du dîner. Chambers et la police routière sont en train de bloquer la circulation. C'est pourquoi tout le monde est sens dessus dessous. J'ai parlé au vieux Peterson, c'est le seul qui soit resté dans le bureau du shérif. Il y a deux flics qui font la ronde dans la ville mais ils ne nous serviraient à rien.

— Alors maintenant, qu'allons-nous faire ?

— Nous allons attendre bien sûr. Il y a de grandes chances que nous ne puissions pas parler au shérif avant demain matin.

— Ainsi, vous ne vous inquiétez pas de ce qui a pu arriver à...

— Bien sûr que je m'en inquiète.

Il l'avait volontairement empêchée de finir sa phrase.

— Cela vous tranquilliserait-il si j'appelais le motel pour savoir ce qui retient Arbogast ?

Elle acquiesça.

Il retourna dans le magasin. Cette fois, elle l'accompagna et demeura debout à ses côtés pendant qu'il demandait les renseignements. A la fin, la téléphoniste trouva le nom (Norman Bates) et le numéro. Sam attendit qu'elle fît le numéro.

— C'est curieux, dit-il en raccrochant, personne ne répond.

— Eh bien ! je vais y aller.

— Non, vous n'irez pas.

Il posa sa main sur l'épaule de la jeune fille.

— C'est moi qui vais y aller. Vous, vous resterez ici au cas où Arbogast reviendrait.

— Sam, que croyez-vous qu'il soit arrivé ?

— Je vous le dirai quand je reviendrai. Maintenant, reposez-vous et détendez-vous. Je n'en ai pas pour plus de trois quarts d'heure.

Cela ne lui prit pas trois quarts d'heure parce que Sam conduisait vite. Au bout de quarante-deux minutes exactement, il ouvrit la porte et pénétra dans le magasin. Lila l'attendait.

— Eh bien ? demanda-t-elle.

— Bizarre... L'endroit était fermé. Pas de lumière dans le bureau. Pas de lumière dans la maison derrière le motel. J'y suis allé et j'ai frappé à la porte pendant cinq minutes. En vain. Le garage près de la maison était ouvert et vide. Ce Bates était sorti sans doute.

— Et M. Arbogast ?

— Sa voiture n'était pas là. Il y avait deux autos devant le motel. J'ai regardé les numéros : il y en avait une de l'Alabama et une autre de l'Illinois.

— Mais où...

— Voici ce que je crois : Arbogast a *effectivement* découvert quelque chose. Peut-être quelque chose d'important. Et lui et Bates sont partis ensemble. C'est pourquoi nous n'avons pas eu de nouvelles.

— Sam, ça suffit à présent. Il faut que je sache !

— Il faut aussi que vous mangiez.

Il exhiba un sac en papier plein à craquer.

— Je me suis arrêté dans un *drive in* en revenant, et j'ai rapporté des hamburgers et du café. On va déposer ça dans l'arrière-boutique.

Lorsqu'ils eurent fini de manger, il était onze heures passées.

— Ecoutez, Lila, fit Sam, pourquoi ne rentreriez-vous pas à l'hôtel pour vous reposer un peu ? Si quelqu'un vient ici ou me téléphone, je vous préviendrai immédiatement. C'est inutile que nous demeurions ici, à nous regarder en chiens de faïence.

— Mais...

— Allons, venez. Ça ne sert à rien de se tourmenter. Sans doute ai-je deviné juste. Arbogast *a certainement* retrouvé la trace de Mary et nous aurons des nouvelles demain matin. De bonnes nouvelles.

Mais il n'y eut pas de bonnes nouvelles le dimanche matin.

A neuf heures, Lila grattait à la porte de la quincaillerie.

— Vous avez des nouvelles ? demanda-t-elle.

Et comme Sam secouait négativement la tête, elle fronça les sourcils :

— Eh bien, moi, j'ai découvert quelque chose. Arbogast a payé sa note à l'hôtel hier matin, c'est-à-dire avant d'avoir commencé ses recherches dans les environs.

Sam ne dit rien. Il prit son chapeau et sortit du magasin avec elle.

Les rues de Fairvale étaient vides car c'était dimanche matin. Le tribunal se trouvait sur une place de Main Street, et était entouré de pelouses sur les quatre côtés. Sur l'une d'entre elles était érigée la statue d'un vétéran de la guerre de Sécession (le genre de statues sculptées à la fin du XIXe siècle et que l'on voit près des tribunaux tout au long des Etats-Unis). Sur les trois autres pelouses, il y avait respectivement un mortier de la guerre hispano-américaine, un canon de la Première

Guerre mondiale et un monument en granit sur lequel étaient inscrits les noms des quatorze habitants de Fairvale tués pendant la Deuxième Guerre mondiale. Des bancs bordaient les trottoirs autour de la place mais ils étaient inoccupés à cette heure.

Le tribunal lui-même était fermé. Le bureau du shérif était installé dans l'annexe. Les citoyens de Fairvale continuaient à parler de « la nouvelle annexe », bien qu'elle ait été ajoutée au bâtiment principal en 1946. Lila et Sam entrèrent, montèrent les marches et suivirent le couloir qui conduisait au bureau.

Le vieux Peterson était de service, tout seul.

— 'Jour, Sam.

— Bonjour, monsieur Peterson. Le shérif est là ?

— Non. Vous avez entendu parler des cambrioleurs de la banque ? Ils ont franchi le barrage établi près de Parnassus. Les agents du F.B.I. les poursuivent en ce moment. On a env...

— Où est-il ?

— Euh... il est rentré tard dans la nuit dernière, ou plutôt très tôt ce matin.

— Vous lui avez fait part de mon message ?

Le vieil homme hésita :

— Je... je crois que j'ai oublié. Tous ces événements à Fairvale...

Il essuya sa bouche :

— Bien sûr, je voulais le faire aujourd'hui, dès qu'il arrivera au bureau.

— A quelle heure ?

— Tout de suite après le déjeuner, probablement. Le dimanche matin, il est à l'église.

— A quelle église ?

— A l'église des Premiers Baptistes.

— Merci.

— Vous n'allez pas le tirer de...

Sam s'éloigna sans répondre. Les hauts talons de Lila claquaient sur les dalles du couloir.

— Je me demande dans quel trou nous sommes, murmura-t-elle. On cambriole une banque et le shérif est à l'église. Qu'est-ce qu'il fait ? Il prie pour que quelqu'un attrape les bandits à sa place ?

Sam ne répondit pas. Quand ils eurent atteint la rue, elle se tourna de nouveau vers lui :

— Où allons-nous maintenant ?

— A l'église des Premiers Baptistes, bien sûr.

Mais ils n'eurent pas besoin d'interrompre le shérif Chambers au milieu de ses dévotions. En abordant la rue transversale, ils se rendirent compte que le service venait juste de prendre fin : les gens commençaient à émerger de la construction que surplombait un clocher.

— Le voici, murmura Sam. Venez.

Il la conduisit vers un couple, debout au coin de la rue. La femme était petite, grisonnante et portait une robe imprimée commandée par correspondance. L'homme était grand, large d'épaules, avec un ventre qui débordait au-dessus de la ceinture. Il était vêtu d'un costume de serge bleu marine et son cou rouge se rebellait contre l'entrave d'un col blanc et empesé. Il avait des cheveux gris bouclés et des sourcils noirs en broussaille.

— Une minute, shérif, dit Sam, je voudrais vous parler.

— Sam Loomis, comment ça va ? fit le shérif Chambers en tendant une large main rouge. Maman, tu connais Sam.

— Je voudrais vous présenter Lila Crane. Mlle Crane arrive de Fort Worth.

— Enchanté de faire votre connaissance. Dites donc, c'est pas vous la jeune fille dont ce vieux Sam nous parle tout le temps ? Il n'a jamais dit que vous étiez aussi jolie...

— C'est de ma sœur qu'il s'agit, lui répliqua Lila. Et c'est à cause d'elle que vous voulons vous parler.

— Je me demande, l'interrompit Sam, si nous ne pourrions pas nous rendre dans votre bureau quelques instants. Cela nous permettrait de vous donner certaines explications.

— Naturellement, pourquoi pas ?

Jud Chambers se tourna vers sa femme :

— Maman, pourquoi ne prendrais-tu pas la voiture pour rentrer à la maison ? Je serai de retour dans un petit moment, dès que j'aurai fini avec eux.

Mais ça dura plus qu'un petit moment. Une fois installés dans le bureau du shérif Chambers, Sam lui raconta son histoire. Même sans être interrompu, il lui aurait fallu près de vingt minutes. Et le shérif l'interrompit fréquemment.

— Mettons les choses bien au point, dit-il en matière de conclusion. Ce gars qui est venu vous voir, cet Arbogast, pourquoi n'est-il pas venu me trouver ?

— Je vous l'ai déjà expliqué. Il espérait pouvoir éviter de prévenir les autorités. Il aurait voulu retrouver Mlle Crane et récupérer l'argent sans causer d'ennuis à l'Agence Lowery.

— Vous m'avez dit qu'il vous avait montré ses papiers ?

— Oui, fit Lila. Il était le détective patenté de la compagnie d'assurances. Et il avait réussi à retrouver la trace de ma sœur jusqu'à ce motel. C'est pourquoi nous sommes si inquiets à présent. Il n'est jamais revenu ici comme il nous l'avait dit.

— Mais il ne se trouvait pas au motel quand vous y êtes allé ?

La question était adressée à Sam qui y répondit :

— Il n'y avait personne là-bas, shérif.

— C'est drôle. Diablement drôle. Je connais ce Bates qui dirige l'affaire. Il ne bouge jamais. C'est à peine s'il quitte le motel pour venir passer une heure en ville. Vous avez essayé de lui téléphoner ce matin ? Vous ne voulez pas que j'essaie maintenant ? Il devait être profondément endormi quand vous y êtes arrivé la nuit dernière.

La grosse main rouge saisit le téléphone.

— Ne lui parlez pas de l'argent, recommanda Sam. Demandez-lui seulement des renseignements au sujet d'Arbogast et voyez ce qu'il vous répond.

Le shérif Chambers acquiesça.

— Laissez-moi faire, murmura-t-il. Je sais comment régler ce genre d'histoires.

Il demanda le numéro et ils attendirent.

— Allô... Bates ? C'est vous ? Ici le shérif Chambers. Oui. Je voudrais un petit renseignement. Des gens ici sont en train de chercher un gars nommé Arbogast. Milton Arbogast, de Fort Worth. C'est un détective privé, ou quelque chose de ce genre... Il travaille pour une compagnie qui s'appelle Parity Mutual. Il quoi ? Oh, vraiment ? Quand était-ce ? Qu'avait-il à vous dire ? Oh, ça n'a pas d'importance, je suis au courant et vous pouvez tout me raconter. Oui...

» Comment ? Comment ? Oui. Oui. Et puis il est parti, hein ? A-t-il dit où il allait ? Oh, vous croyez ? Sûrement. Non, c'est tout.

» Non, rien de grave. Je pensais seulement qu'il passerait peut-être me voir. Ecoutez, pendant que je vous ai au bout du fil, vous ne croyez pas qu'il aurait pu repasser chez vous dans la soirée ? A quelle heure vous couchez-vous en général ? Oh, je vois. Eh bien ! c'est tout ce que je voulais savoir.

Merci pour le renseignement, Bates.

Il raccrocha et fit pivoter son siège pour regarder ses visiteurs.

— L'homme a dû prendre la direction de Chicago.

— Chicago ?

— Certainement, fit Chambers, parce que la jeune fille a dit qu'elle se rendait dans cette ville. Votre ami Arbogast me semble un type assez adroit.

— Qu'est-ce que ça signifie ? Et d'abord, que vous a raconté ce Bates à l'instant ? demanda Lila en se penchant en avant.

— Il m'a répété ce qu'Arbogast vous a dit quand il vous a téléphoné hier soir de là-bas. Votre sœur a passé la nuit au motel samedi dernier mais elle ne s'est pas inscrite sous son vrai nom. Elle a prétendu s'appeler Jane Wilson et venir de San Antonio. Dans le cours de la conversation, elle a laissé échapper qu'elle était en route pour Chicago.

— Dans ce cas, ça ne peut pas être Mary. Elle ne connaît personne à Chicago et elle n'y a jamais été de sa vie !

— D'après Bates, Arbogast était sûr qu'il s'agissait de la jeune fille qu'il recherchait. Il a même comparé les écritures. La description, la voiture, tout correspondait. En plus, quand Arbogast a entendu le mot de Chicago, Bates prétend que le détective a filé comme un zèbre.

— Mais c'est ridicule. Elle a une semaine d'avance... à condition qu'elle soit allée à Chicago. De toute façon, il ne la retrouverait jamais là-bas.

— Peut-être qu'il sait où la chercher. Peut-être qu'il ne vous a pas dit *tout* ce qu'il avait découvert sur votre sœur et sur ses projets.

— Que pourrait-il savoir de plus que nous ?

— On ne sait jamais avec des types aussi malins. Peut-être qu'il avait une idée de derrière la tête. Pourquoi ne se serait-il pas dit que s'il rattrapait Mlle Crane et s'emparait de l'argent, il n'aurait plus besoin de travailler !

— Essayez-vous d'insinuer que M. Arbogast était un escroc ?

— Non. Je veux simplement dire que quarante mille dollars en espèces, c'est une jolie somme. Et si Arbogast n'a pas reparu ici, cela prouve qu'il avait fait certains plans.

Le shérif hocha la tête :

— Il avait dû tout préparer de longue main. Sinon pourquoi ne se serait-il pas présenté chez moi d'abord pour voir si je pouvais l'aider ? Vous dites qu'il avait déjà quitté l'hôtel hier.

— Un instant, shérif, ne tirez pas des conclusions trop hâtives. Vous ne savez rien de l'histoire sauf de ce que ce Bates vous a dit tout à l'heure au bout du fil. N'aurait-il pas menti, lui ?

— Pour quoi faire ? Il m'a raconté une histoire toute simple. Il m'a dit que la jeune fille était venue chez lui et Arbogast aussi.

— Où donc était-il la nuit dernière quand je suis allé au motel ?

— Dans son lit, profondément endormi, comme je le pensais, répondit le shérif. Ecoutez, je connais ce garçon. Il est un peu bizarre. Pas très intelligent. C'est du moins comme ça qu'il m'a toujours paru. En tout cas, ce n'est pas son genre de raconter des blagues. Pourquoi ne le croirai-je pas ? Surtout sachant que votre ami Arbogast mentait.

— Il mentait ? A quel sujet ?

— Vous m'avez dit ce qu'il vous a raconté quand il vous a appelé du motel la nuit dernière. Eh bien ! c'était pour vous tenir en haleine. A ce moment, il était déjà au courant du voyage à Chicago et il voulait vous faire tenir tranquille le temps de prendre l'avance. C'est pourquoi il a menti.

— Je ne comprends pas, shérif. Sur quoi a-t-il menti exactement ?

— Eh bien ! mais quand il a prétendu qu'il montait voir la mère de Norman Bates. Norman Bates n'a pas de mère.

— Quoi ?

— Non, depuis vingt ans, il n'a plus de mère. Elle est morte. Il y a eu un joli scandale à l'époque dans le pays... ça m'étonne que vous ne vous en souveniez pas. C'est vrai que vous étiez tout gosse. Elle avait construit ce motel avec un type, qui s'appelait Considine, Joe Considine. Elle était veuve, vous comprenez et le bruit courait qu'elle et Considine étaient...

Le shérif regarda Lila... Au lieu de poursuivre sa phrase, il fit un vague geste de la main.

— Quoi qu'il en soit, reprit-il, ils ne se sont jamais mariés. Il a dû arriver quelque chose : peut-être qu'elle attendait un enfant, peut-être que Considine avait déjà une épouse dans le pays d'où il venait. En tout cas, une nuit, ils prirent de la strychnine ensemble. Un vrai poison ; on peut le dire. Son fils, Norman Bates, les trouva tous les deux. Ça dut lui donner un drôle de choc. Je me rappelle qu'il est resté plusieurs mois à l'hôpital après le drame. Il n'a même pas été à l'enterrement. Moi, j'y suis allé. Et c'est pourquoi je suis sûr que sa mère est morte. Bon sang, j'étais un de ceux qui tenaient les cordons du poêle !

XII

Sam et Lila dînèrent à l'hôtel.

Le repas ne fut agréable ni pour l'un, ni pour l'autre.

— Je ne peux pas croire que M. Arbogast soit parti sans nous avertir, s'écria Lila en reposant sa tasse de café. Et je ne peux pas croire non plus que Mary soit allée à Chicago.

— Malheureusement, le shérif Chambers le croit, soupira Sam. Et vous devez bien admettre qu'Arbogast m'a menti quand il a prétendu avoir vu la mère de Bates.

— Oui, je sais. Cette histoire ne tient pas debout. Mais, d'un autre côté, l'histoire de Chicago ne tient pas debout non plus. M. Arbogast n'en savait pas davantage sur Mary que ce que nous lui en avions dit.

Sam plaça sa cuiller à dessert près de sa coupe à

sorbet.

— Je commence à me demander ce que l'un et l'autre nous savions réellement sur Mary, précisa-t-il. J'étais fiancé avec elle. Vous habitiez avec elle. Aucun de nous n'aurait pensé qu'elle eût pu prendre cet argent. Et pourtant, il n'y a aucun doute : elle l'a pris.

— Oui, dit Lila en baissant la voix d'un ton. Cela, je le crois à présent. Elle a pris l'argent. Mais elle ne l'a pas fait pour elle. Peut-être qu'elle a pensé pouvoir vous aider, peut-être qu'elle avait l'intention de vous l'apporter pour que vous puissiez payer vos dettes.

— Dans ce cas, pourquoi n'est-elle pas venue me trouver ? Pour rien au monde, je n'aurais accepté quelque chose d'elle, même si j'avais ignoré que l'argent avait été volé. Mais si elle avait cru pouvoir me convaincre, pourquoi n'est-elle pas venue chez moi ?

— C'est ce qu'elle voulait faire. Du moins, elle est arrivée jusqu'au motel.

Entre ses mains nerveuses, Lila froissait sa serviette.

— C'est ce que j'ai essayé de dire au shérif. Nous *savons* qu'elle est arrivée jusqu'au motel. Et ce n'est pas parce qu'Arbogast a menti que ce Bates n'a pas menti lui aussi. Pourquoi donc le shérif ne se rend-il pas au motel pour examiner les lieux, au lieu de se contenter d'appeler le type au téléphone ?

— Je ne peux pas reprocher au shérif Chambers d'avoir refusé, lui répondit Sam. Comment pourrait-il aller plus loin dans cette affaire ? Pour quels motifs ? Selon quelles preuves ? Que cherche-t-il ? On ne peut pas faire irruption chez les gens sans raison plausible. En outre, on n'opère pas de cette manière dans les petites villes. Tout le monde se connaît, personne ne veut créer d'ennuis à son voisin ou susciter des incidents. Vous avez entendu ce que Chambers a dit. Il n'y a rien qui permette de soupçonner Bates. Le shérif le connaît depuis toujours.

— Oui, et moi aussi je connais Mary depuis toujours. Et rien ne me permettait de la soupçonner de certaines choses, elle non plus. Le shérif a reconnu que cet homme était un peu spécial.

— Il n'est pas allé loin. Il a dit qu'il menait une existence de reclus. C'est compréhensible quand on pense au choc qu'il a dû éprouver lorsque sa mère est morte.

— Sa mère...

Lila fronça les sourcils puis continua :

— Quand même, voilà une chose qui me dépasse. Si Arbogast voulait mentir, pourquoi a-t-il justement inventé cette histoire de la mère ?

— Je ne sais pas. Peut-être que c'est la première chose à laquelle...

— En fait, s'il avait décidé de partir, pourquoi

s'est-il donné la peine de nous téléphoner ? N'eût-ce pas été infiniment plus simple de s'en aller sans nous prévenir qu'il était passé à ce motel ?

Elle lâcha la serviette et regarda Sam attentivement.

— Je... je commence à me faire une petite idée...

— A quoi pensez-vous ?

— Sam, qu'est-ce qu'Arbogast vous a dit exactement au moment de raccrocher ? Quand il a parlé de la mère de Bates ?

— Il a dit qu'il l'avait remarquée en s'arrêtant devant le motel parce qu'elle était assise à la fenêtre de sa chambre.

— Peut-être qu'il ne mentait pas.

— Mais comment aurait-il pu en être autrement ? Mme Bates est morte. Vous avez entendu ce que le shérif a dit.

— Et si c'était Bates qui mentait ? Peut-être qu'Arbogast a cru que cette femme était la mère de Bates et quand il a parlé d'elle, Bates a répondu que c'était bien sa mère. Il a dit qu'elle était malade et que personne ne pouvait la voir, mais Arbogast a insisté. C'est bien ce qu'il vous a raconté ?

— Oui, mais je ne vois toujours pas...

— Non, bien sûr. Mais Arbogast, lui, a compris. Il a vu quelqu'un à la fenêtre quand il est arrivé. Et peut-être que ce quelqu'un, c'était... Mary.

— Lila, voyons, vous ne supposez pas que...

— Je ne sais pas. Mais pourquoi les choses ne se seraient-elles pas passées ainsi ? La piste s'arrête là-bas, au motel. Deux personnes ont disparu. N'est-ce pas suffisant ? N'est-ce pas suffisant pour que moi, en tant que sœur de Mary, j'aille chez le shérif et que j'insiste pour qu'il se livre à une enquête approfondie ?

— Bon, dit Sam, allons-y.

Ils trouvèrent le shérif Chambers chez lui, en train de finir de dîner. Il mâchonnait un cure-dents tout en écoutant l'histoire de Lila.

— Je ne sais pas, marmonna-t-il. Il faudrait que ce soit vous qui signiez la plainte...

— Je signerai tout ce que vous voulez, pour que vous alliez là-bas et que vous enquêtiez.

— Ne vaut-il pas mieux remettre cela à demain matin ? Vous comprenez, j'attends d'un moment à l'autre des nouvelles des cambrioleurs de la banque et...

— Un instant, je vous prie, fit Sam. Il s'agit d'une affaire sérieuse, shérif. Voilà plus d'une semaine que la sœur de cette jeune fille a disparu. Ce n'est plus seulement une histoire d'argent. D'après ce que nous savons, sa vie peut être en danger. Il est même possible qu'elle soit...

— Très bien, très bien. Vous n'avez pas besoin de me donner des conseils, Sam. Allons dans mon bureau et elle signera sa déclaration. Mais si vous me demandez mon avis, je vous dirai tout net que c'est une perte de temps. Norman Bates n'est pas un meurtrier.

Le mot surgit comme n'importe quel autre mot et s'évanouit. Mais son écho continua à se répercuter. Sam l'entendit et Lila aussi. Il les accompagna tandis qu'ils se dirigeaient en voiture vers l'annexe du tribunal avec le shérif Chambers. Et il demeura encore avec eux alors que le shérif partait pour le motel. Il avait refusé de les emmener l'un et l'autre, et leur avait dit de l'attendre. Donc ils attendirent tous les deux dans le bureau. Tous les deux... et le mot.

L'après-midi était déjà fort avancé quand Chambers revint. Il était seul et il leur jeta un regard où le dégoût et le soulagement se mêlaient à part égale.

— C'est bien ce que je vous avais dit, annonça-t-il. C'était une fausse alerte.

— Qu'avez-vous...

— Ne vous emballez pas, jeune fille. Laissez-moi le temps de m'asseoir et je vous raconterai toute l'histoire. Je me suis présenté là-bas et je n'ai pas eu la moindre difficulté. Bates se promenait quelque part dans les bois, derrière la maison, il ramassait des branches sèches pour allumer le feu. Je n'ai même pas eu besoin de sortir le mandat... Il s'est montré doux comme un mouton. Il m'a dit que je n'avais qu'à chercher moi-même et il m'a donné les clefs du motel.

— Et vous avez cherché ?

— Bien sûr que j'ai cherché. J'ai fouillé minutieusement chaque chambre du motel du haut jusqu'en bas. Je n'y ai pas trouvé âme qui vive. Je n'ai rien trouvé du tout. Parce qu'il n'y avait personne. Personne sauf Bates. Il vit là-bas tout seul depuis des années.

— Et la chambre ?

— Il y avait bien une chambre au premier étage de la maison. Une chambre qui donne sur le devant. C'était la chambre de sa mère quand elle vivait. Rien d'anormal là-dedans. En fait, rien n'a changé dans la pièce depuis la mort de Mme Bates. Il a expliqué qu'il n'y a aucune raison pour qu'il la transforme puisqu'il a toute la maison pour lui tout seul. J'ai l'impression que le gars est un peu bizarre. Mais qui ne le serait pas à sa place ?

— Lui avez-vous demandé une explication au sujet de ce qu'Arbogast m'avait dit ? murmura Sam. L'histoire de sa mère qu'il avait vue en arrivant en voiture ?

— Je lui ai immédiatement posé la question. Il m'a dit que c'était un mensonge. Je lui ai intentionellement parlé assez durement au début, pour voir s'il essayait de cacher quelque chose, mais son histoire était tout ce qu'il y a de plus raisonnable. Je l'ai encore interrogé sur ce fameux voyage à Chicago. Et je continue à croire que sa réponse est la bonne.

— Je ne puis pas le croire, affirma Lila. Pourquoi dans ce cas, Arbogast aurait-il prétendu qu'il allait voir la mère de Bates ?

— Vous le lui demanderez la prochaine fois que vous le verrez, lui répondit le shérif Chambers. Peut-être que c'est le fantôme de Mme Bates qu'il a vu assis à la fenêtre.

— Et vous êtes *bien sûr* que la mère de Norman Bates est morte ?

— Je vous ai déjà dit que j'ai assisté à son enterrement. J'ai vu la lettre qu'elle avait laissée pour son fils quand elle s'est tuée avec ce type, ce Considine. Qu'est-ce que vous voulez de plus ? Voulez-vous que je l'exhume et que je vous la montre ?

Chambers soupira.

— Excusez-moi, mademoiselle, je n'avais pas l'intention de me laisser emporter de la sorte. Mais j'ai fait tout ce que je pouvais. J'ai fouillé la maison. Votre sœur n'y est pas. Arbogast n'y est pas non plus. Pas la moindre trace de leurs voitures. La réponse me paraît assez claire. De toute façon, je vous répète que j'ai fait tout ce que je pouvais.

— Et maintenant, que me conseillez-vous ?

— Eh bien ! mettez-vous en rapport avec le bureau de cet Arbogast. Tâchez de savoir s'ils ont eu de ses nouvelles. Peut-être qu'ils ont, eux, quelques renseignements sur cette histoire de Chicago. De toute façon, j'ai l'impression qu'il n'y a rien à faire avant demain matin.

— Je crois que vous avez raison.

Lila se leva.

— Je vous remercie de la peine que vous vous êtes donnée. Je suis navrée de vous avoir causé tous ces ennuis.

— Ça fait partie de mon métier. N'est-ce pas, Sam ?

— C'est vrai, répondit Sam.

Le shérif Chambers se leva à son tour.

— Je comprends vos sentiments et votre émotion, mademoiselle. J'aurais aimé pouvoir vous aider davantage. Mais je ne possède pas assez de preuves pour continuer cette enquête. Si vous aviez seulement un témoignage précis, alors peut-être que…

— Nous comprenons, fit Sam, et nous vous sommes tous les deux très reconnaissants de ce que vous avez fait pour nous.

Il se tourna vers Lila :

— On s'en va maintenant ?

— Occupez-vous de cette affaire de Chicago, leur cria encore le gros homme. A bientôt.

Ils se retrouvèrent sur le trottoir. Le soleil de l'après-midi finissant projetait ses ombres obliques. Comme ils étaient immobiles, la sombre extrémité de la baïonnette que brandissait l'ancien combattant de la guerre de Sécession effleura la gorge de Lila.

— Voulez-vous venir chez moi ? suggéra Sam.

La jeune fille secoua négativement la tête.

— Voulez-vous aller à l'hôtel ?

— Non.

— Où voulez-vous donc aller ?

— Je ne sais pas ce que vous, vous avez décidé, déclara Lila, mais, en ce qui me concerne, je vais à ce motel.

Elle avait levé vers lui un visage qui le défiait et la fine ligne d'ombre partagea son cou. Pendant un instant, on eût pu croire que quelqu'un venait de couper la tête de Lila.

XIII

Norman sentit qu'ils allaient venir, avant même que leur voiture arrivât.

Il ne savait pas qui ce serait, de quoi ils auraient l'air, ni même combien ils seraient. Mais il était certain qu'ils allaient venir.

Il le savait depuis la veille au soir lorsque étendu dans son lit, un étranger était venu frapper à la porte. Il s'était tenu tranquille, ne se levant même pas pour l'épier depuis la fenêtre d'en haut. En fait, il s'était même caché la tête sous les couvertures tandis qu'il attendait que l'étranger repartît. Finalement, il s'était *décidé* à partir. Heureusement que sa mère était enfermée dans le cellier à la cave. Heureusement pour lui, heureusement pour elle et heureusement pour cet étranger.

Mais depuis ce moment-là, il était certain que l'histoire ne s'arrêterait pas là. Et il en avait eu la preuve : cet après-midi, alors qu'il était au bord du marais, le shérif Chambers était arrivé en voiture.

Norman avait tressailli en revoyant le shérif... tant d'années s'étaient passées ! Depuis l'époque de l'affreux cauchemar, il se le rappelait très bien. Dans l'esprit de Norman, ce cauchemar était toujours lié au souvenir de l'oncle Joe Considine, du poison et de tout ce qui s'était passé... Ç'avait été un long, très long cauchemar depuis le moment où il avait téléphoné au shérif jusqu'à ce qu'on le laissât sortir de l'hôpital plusieurs mois après. Il avait alors regagné la maison.

Il lui avait semblé revivre ce même cauchemar en revoyant le shérif Chambers. Ainsi les hommes vivent et revivent sans cesse le même rêve atroce. Et ce qu'il lui fallait surtout se rappeler, c'est qu'il avait déjà trompé le shérif alors que c'était bien plus difficile. Cette fois, ce serait sans aucun doute plus facile : il ne devait surtout pas oublier de conserver son calme. Il en avait décidé ainsi et c'est ainsi que ça devait se passer.

Il avait répondu à toutes les questions du shérif, il lui avait donné les clefs et lui avait laissé fouiller la maison, seul. En un sens, c'était assez cocasse : le shérif entrant dans la maison et la fouillant tandis que Norman restait au bord du marais, finissant de faire disparaître toutes les traces de pas. Cocasse, ce le serait aussi longtemps que sa mère se tiendrait tranquille. Car si elle s'était mise à crier en le croyant dans la cave, elle leur aurait attiré de vrais ennuis. Mais elle ne ferait pas ça, il l'avait mise en garde, et, en plus, le shérif ne se préoccupait pas de sa mère. Il la croyait morte et enterrée.

Comme il l'avait bien roulé la première fois ! Et cette fois encore, il l'avait roulé avec la même facilité puisque le shérif était revenu de son inspection sans avoir rien remarqué. Il avait posé quelques questions supplémentaires à Norman au sujet de la jeune fille, d'Arbogast et du voyage à Chicago. Norman avait eu envie de broder davantage... par exemple, d'aller jusqu'à dire que la jeune fille avait mentionné le nom d'un certain hôtel là-bas... mais au dernier moment il avait compris que ce ne serait pas raisonnable. Il valait mieux s'en tenir à ce qu'il avait déclaré jusque-là. Et le shérif l'avait cru. Il lui avait presque fait des excuses en le quittant.

Le premier acte était donc terminé, mais Norman savait qu'il allait falloir jouer les autres. Ce n'était pas le shérif qui avait eu l'idée de venir au motel de son propre chef. Lui, il n'avait aucun soupçon. Il ne pouvait pas en avoir parce qu'il ne savait rien. C'était le coup de téléphone d'hier qui avait mis la puce à l'oreille de Norman. Ça prouvait que quelqu'un d'autre était au courant de l'histoire d'Arbogast et de la jeune fille. C'étaient ces gens qui avaient poussé le shérif à l'appeler. C'étaient eux aussi qui avaient envoyé l'étranger la nuit dernière pour l'espionner. C'étaient eux qui avaient dépêché le shérif aujourd'hui. Leur visite ouvrirait le deuxième acte. C'était inévitable. Inévitable.

Rien que d'y penser, le cœur de Norman se mit à battre plus vite. L'envie le prenait de faire les choses les plus folles : se sauver, se précipiter à la cave et cacher sa tête dans le giron de sa mère, remonter dans la maison et se tapir sous les couvertures... Mais tout cela ne servirait à rien. Il lui était impossible de s'enfuir et d'abandonner sa mère, il ne pouvait pas courir le risque de l'emmener avec lui. Pas dans l'état où elle était. Il n'aurait pu trouver auprès d'elle ni réconfort, ni sage conseil. Depuis huit jours, il ne le pouvait plus car il avait perdu sa confiance en elle à cause de ce qui s'était passé. Et se tapir sous les couvertures ne servirait à rien.

Si ces gens revenaient ici, il lui faudrait les affronter. C'était la seule solution raisonnable. Il les affronterait, s'en tiendrait à ses déclarations et tout se passerait bien.

Entre-temps, il fallait calmer ces intolérables battements de cœur.

Il était assis dans le bureau, tout seul. La voiture de l'Alabama était partie à l'aube et celle de l'Illinois aussitôt après le déjeuner. Aucun autre client ne s'était présenté. Le ciel se couvrait de nuages et si l'orage se levait, il ne viendrait plus personne. Donc un verre ne lui ferait pas de mal. Au contraire, cela le calmerait.

Norman sortit une bouteille de dessous le comptoir. C'était la seconde des trois bouteilles qu'il avait cachées là un mois auparavant. Il n'avait encore bu qu'une bouteille : il n'avait pas exagéré. Pourtant, c'était cette première bouteille qui était responsable de tous ses ennuis. Mais à l'avenir, ça ne se reproduirait plus. D'autant moins qu'aujourd'hui il avait prudemment enfermé sa mère dans la cave. Elle ne pouvait plus se mêler de ses affaires. Dès qu'il ferait nuit, il irait lui préparer à dîner. Ce soir peut-être pourraient-ils parler ensemble. Mais pour l'instant, il fallait qu'il boive... L'alcool. Le premier verre ne lui avait produit aucun effet mais le second fut efficace. Il se sentait presque détendu. Presque détendu. Il aurait presque pu en boire un troisième.

Et tout à coup, il ne put résister car il venait de voir arriver la voiture.

Rien ne la distinguait des autres, ni sa carrosserie, ni sa plaque d'immatriculation mais Norman sut immédiatement que c'étaient *eux*. Quand on possède une sensibilité de médium, on est *véritablement* doué d'antennes. Alors on sent battre son cœur, on avale son verre d'alcool et on attend que les visiteurs descendent de leur voiture. L'homme ressemblait à tous les autres et pendant un instant Norman se demanda s'il ne s'était pas trompé. C'est alors qu'il aperçut la jeune fille.

Dès qu'il la vit, il leva la bouteille et but rapidement une large goulée, de manière à masquer le visage de la jeune fille... car c'était elle.

Elle était revenue, elle était sortie du marais !

Non, non, ce n'était pas possible. Il se trompait. Ce n'était pas possible. Il la regarda encore. Cette fois, en pleine lumière. Ses cheveux n'étaient pas du tout de la même couleur ; ils étaient châtain clair et elle était plus mince. Mais elle lui ressemblait suffisamment pour être sa sœur.

C'est évident. Ce devait être sa sœur. Et ça expliquait tout. Cette Jane Wilson, si tel était vraiment son nom, s'était enfuie avec l'argent. Le détective la recherchait et maintenant sa sœur poursuivait les recherches. Voilà qui était parfaitement logique.

Il savait ce que sa mère aurait fait en pareille circonstance. Mais, Dieu merci, il ne commettrait pas de nouveau une *telle* imprudence. Il s'en tiendrait à ses déclarations et les visiteurs finiraient par s'en aller. Il suffisait de se rappeler que personne ne pourrait rien trouver, que personne ne pourrait rien prouver. Inutile de se faire du souci. Il savait ce qui allait se passer.

L'alcool lui avait fait du bien. Il lui permettait d'attendre patiemment derrière le comptoir qu'ils arrivent. Norman les voyait parler ensemble dans la cour et il gardait son calme. Il voyait les nuages sombres accourir de l'ouest, et il gardait son calme.

Il vit le ciel s'obscurcir tandis que le soleil se couchait dans toute sa splendeur. *Le soleil se couchait dans toute sa splendeur*. Comme c'était poétique ! Il était donc poète ! Norman sourit. Il n'était pas que poète. Si seulement ils savaient...

Mais ils ne savaient pas, et ils ne sauraient rien. Il n'était que propriétaire d'un petit motel, pas très jeune et assez gras, qui regardait en clignant des yeux le couple qui entrait. Il leur demanda :

— Que désirez-vous ?

L'homme s'approcha du comptoir. Norman se raidit pour affronter la première question, puis cligna encore une fois des yeux parce que l'homme ne lui posait pas celle qu'il attendait. Il dit en effet :

— Nous voudrions une chambre, s'il vous plaît.

Norman acquiesça, incapable de prononcer une parole. Se serait-il trompé ? Bien sûr que non, car la jeune fille s'avançait, elle *était* la sœur, aucun doute n'était possible.

— Oui, désirez-vous...

— Non, c'est inutile. Nous avons hâte de changer de vêtements.

Ils mentaient. Leurs vêtements étaient tout frais. Mais Norman sourit :

— Parfait. C'est dix dollars la chambre pour deux personnes. Voulez-vous signer ici et régler d'avance...

Il leur tendit le registre. L'homme hésita un instant puis gribouilla rapidement. Norman était expert en l'art de lire les noms à l'envers. *M. et Mme Sam Wright, Independence.*

Ils mentaient encore. Ce n'était pas leur nom. Quels sales et stupides menteurs ! Ils se croyaient bien malins en venant ici avec l'espoir de le rouler. Eh bien ! ils allaient voir !

La fille avait les yeux fixés sur le registre. Pas pour lire le nom que l'homme avait écrit mais pour en lire un autre : celui qui se trouvait en haut de la page. Le nom de sa sœur. *Jane Wilson.*

Elle ne remarqua pas qu'il l'avait vue serrer le bras de son compagnon, mais il l'avait bien vue.

— Je vais vous donner le numéro 1, dit Norman.

— Où est-ce ? demanda la jeune fille.

— C'est la chambre du bout.

— Pourrions-nous avoir le 6 ?

Le numéro 6. Norman s'en souvenait maintenant. Il inscrivait toujours le numéro des chambres à côté des signatures. Il avait donné la chambre 6 à sa sœur et elle l'avait remarqué.

— La chambre 6 est à l'opposé mais vous n'en voudriez pas. Le ventilateur est cassé.

— Oh ! ça ne fait rien, l'orage approche. Elle se rafraîchira vite.

Menteurs.

— De plus, continua-t-elle, le numéro 6 nous porte chance. Nous nous sommes mariés le 6 de ce mois.

Quels sales et stupides menteurs.

Norman haussa les épaules :

— Très bien, fit-il.

Et, en effet, c'était très bien. C'était même mieux qu'il ne l'aurait pensé. Parce que si ces sales menteurs avaient l'intention de jouer leurs rôles de cette façon, s'ils ne voulaient pas lui poser de questions, mais seulement espionnner, alors, dans ce cas, la chambre 6 était la chambre idéale. Il était certain qu'ils n'y trouveraient rien. Et il pourrait les surveiller. Oui, il les surveillerait. C'était parfait !

Alors il prit la clef et les accompagna jusqu'au 6. Ils n'eurent que quelques pas à faire mais déjà le vent s'était levé et la fraîcheur du crépuscule se faisait sentir. Il ouvrit la porte tandis que l'homme sortait une valise de sa voiture. Une valise ridiculement petite quand on vient soi-disant du Missouri ! *Sales menteurs malfaisants !*

Il ouvrit la porte et ils entrèrent.

— Désirez-vous quelque chose ? demanda-t-il.

— Non, ça va bien, merci.

Norman referma la porte. Il retourna à son bureau et but un autre verre. Un verre pour se féliciter. Tout allait être plus facile qu'il n'aurait pu le rêver. Tout marcherait comme sur des roulettes.

Il fit basculer la licence dans son cadre et regarda à travers la fente du mur dans la salle de bains du 6.

Ils ne s'y trouvaient pas : ils étaient encore dans

la chambre. Mais il les entendait marcher et de temps en temps un murmure de phrases chuchotées parvenait à ses oreilles. Tous les deux, ils cherchaient quelque chose. Il ne pouvait pas comprendre ce que c'était. A en juger par ce qu'il entendait, eux non plus ne semblaient pas le savoir exactement.

— ...Vaudrait mieux savoir ce que l'on cherche, disait la *voix de l'homme.*

Et celle de la fille :

— ... On ne sait jamais. Il y a peut-être quelque chose qu'il aura oublié, oui, j'en suis sûre. La recherche criminelle nous apprend que... il y a toujours des preuves infimes...

De nouveau, la voix de l'homme :

— Mais nous ne sommes pas détectives. Je persiste à croire... mieux vaut lui parler... sortir de la chambre et l'effrayer pour le faire avouer...

Norman sourit. Ils ne parviendraient pas à l'effrayer pour le *faire avouer* quoi que ce soit. Pas plus qu'ils ne parviendraient à découvrir quoi que ce soit. Il avait nettoyé la chambre de fond en comble. Il ne s'y trouvait pas le moindre indice, pas la plus petite tache de sang, pas le plus petit cheveu.

La voix de la fille s'approchait à présent :

— ... vous comprenez ? Si seulement nous trouvions quelque chose qui nous permette de poursuivre, un indice grâce auquel nous pourrions le faire parler en lui faisant peur ?

Elle pénétrait maintenant dans la salle de bains, et il la suivait.

— Si nous avions entre les mains la moindre preuve, nous pourrions faire venir le shérif ici. C'est le laboratoire de la police qui se charge de ce genre de travail, n'est-ce pas ?

Il était debout sur le seuil de la salle de bains, et il l'observait tandis qu'elle examinait le lavabo.

— Regardez comme tout est propre. Je vous le dis : il vaut mieux que nous lui parlions. C'est notre seule chance.

Elle n'était plus dans le champ visuel de Norman. Elle regardait le bac à douche. Il entendait le froissement des rideaux qu'elle touchait. La petite chienne, elle était tout à fait comme sa sœur : il avait fallu qu'elle aille dans la douche. Eh bien ! qu'elle y aille. Qu'elle y aille et que le diable l'emporte !

— Il n'y a rien du tout...

Norman aurait voulu éclater de rire. Bien sûr, qu'il n'y avait rien ! Il attendait qu'elle ressortît de la douche mais elle ne réapparaissait pas. Au contraire, il entendit soudain un bruit violent.

— Que faites-vous ?

C'était l'homme qui avait posé la question mais Norman y fit écho en lui-même. Que *faisait-elle ?*

— J'essaie de voir ce qu'il y a derrière le bac à douche. On ne sait jamais... Sam ! regardez ! J'ai trouvé quelque chose !

Elle était revenue devant le miroir, tenant quelque chose dans sa main. Qu'est-ce que c'était ? Qu'est-ce que cette petite chienne avait pu trouver ?

— Sam, c'est une boucle d'oreille. Une des boucles d'oreilles de Mary.

— En êtes-vous certaine ?

Non. Ça ne pouvait pas être l'autre boucle d'oreille. Ce n'était pas possible !

— Bien sûr, c'est une de ses boucles d'oreilles. Je le sais mieux que personne. C'est moi qui les lui ai données, l'année dernière, pour son anniversaire. Il y a un de nos clients qui a une petite boutique à Dallas pas plus grande qu'un trou dans le mur. Il est spécialisé dans la fabrication de pièces uniques : il ne fait jamais le même bijou deux fois, vous comprenez. Et je lui avais commandé ces boucles d'oreilles exprès pour Mary. Elle avait trouvé mon idée ruineuse, mais elles lui plaisaient.

L'homme tenait la boucle d'oreille sous la lumière et il la fixait intensément pendant qu'elle parlait.

— Elle a dû la perdre quand elle a pris sa douche et elle est tombée derrière le bac. A moins que quelque chose d'autre ne soit ar... Sam, qu'avez-vous ?

— J'ai peur en vérité que quelque chose ne soit arrivé, Lila. Vous voyez cela ? On dirait du sang séché.

— Oh... *non, c'est impossible !*

— Si, Lila, vous aviez raison.

La chienne ! Ce sont toutes des chiennes. Que disait-elle encore ?

— Sam, il faut que nous pénétrions dans cette maison. Il le *faut*.

— C'est le rôle du shérif.

— Il ne nous croirait pas même si nous lui montrions cette boucle d'oreille, et le sang séché. Il nous dirait que Mary est tombée, qu'elle s'est cogné la tête sous la douche, ou des choses dans ce genre.

— Peut-être que les choses se sont réellement passées ainsi...

— Le croyez-vous vraiment, Sam ?

— Non, fit-il en soupirant, je ne le crois pas. Mais ça ne prouve toujours pas que Bates soit responsable de... de ce qui a pu lui arriver. C'est au shérif qu'il appartient d'en découvrir davantage.

— Mais il ne fera rien. Je suis sûre qu'il ne fera rien ! Il faudrait que nous puissions lui montrer quelque chose qui le convainque réellement, quelque chose qu'on ait trouvé dans la maison. Je sais que là-bas, nous découvrirons quelque chose.

— Non. C'est trop dangereux.

— Allons chercher Bates et montrons-lui ça. Peut-être que nous arriverons à le faire parler.

— Et peut-être aussi que nous n'y arriverons pas. S'il *est coupable*, croyez-vous qu'il va s'effondrer et se confesser ? La seule chose intelligente à faire, c'est d'aller chercher le shérif sur-le-champ.

— Et si Bates a des soupçons ? S'il nous voit partir, il est bien capable de s'enfuir.

— Il ne nous soupçonne pas, Lila. Mais si vous êtes inquiète, nous pouvons téléphoner...

— Le téléphone est dans le bureau : il nous entendrait.

Lila marqua une pause avant de continuer :

— Ecoutez, Sam, laissez-moi aller chercher le shérif. Vous, vous resterez ici pour parler à Bates.

— Et vous croyez qu'il faudra que je l'accuse ?

— Certainement pas. Entrez et parlez-lui pendant que je m'en vais. Dites-lui que je retourne en ville pour acheter quelque chose à la pharmacie. Dites-lui n'importe quoi. Mais arrangez-vous pour qu'il ne prenne pas peur et qu'il reste tranquille.

— Alors...

— Donnez-moi la boucle d'oreille, Sam.

Les voix s'évanouirent tandis qu'ils passaient dans l'autre pièce. Les voix s'évanouirent mais les mots demeurèrent. L'homme allait rester là pendant qu'elle irait chercher le shérif. Les choses devaient se passer ainsi. Et il ne pourrait pas empêcher la jeune fille d'agir. Si sa mère avait été là, elle l'en aurait empêchée. Elle leur aurait barré la route à tous les deux. Mais sa mère n'était pas là. Elle était enfermée dans le cellier

Oui, et si cette petite chienne montrait la boucle

d'oreille ensanglantée au shérif, il reviendrait et rechercherait sa mère. Même s'il ne la trouvait pas dans la cave, ça pourrait lui donner des idées. Depuis vingt ans, le shérif n'avait jamais imaginé la vérité mais à présent il pourrait bien la découvrir. Ce que Norman avait toujours craint pourrait bien arriver. Le shérif comprendrait ce qui s'était passé cette nuit où l'oncle Joe Considine était mort.

Des bruits arrivaient de la pièce voisine. Norman remit vite le cadre à sa place. Il voulut prendre la bouteille mais il n'eut pas le temps de boire. La porte venait de se refermer brutalement et les deux voyageurs sortirent de la chambre numéro 6. Elle se dirigeait vers la voiture et lui venait vers le bureau.

Norman regarda l'homme, se demandant ce qu'il allait lui dire.

Mais il se demandait surtout ce que le shérif ferait. *Le shérif irait au cimetière de Fairvale et ouvrirait la tombe de sa mère. Et quand la tombe serait ouverte et qu'il verrait le cercueil vide, alors il connaîtrait le véritable secret.*

Il saurait que sa mère était en vie.

Dans la poitrine de Norman, le cœur battait à se rompre. Mais ces battements furent étouffés par le premier roulement de tonnerre qui déchira la nuit au moment où l'homme ouvrit la porte et entra.

XIV

Un instant, Sam espéra que ce roulement de tonnerre étoufferait le bruit de la voiture qui démarrait. C'est alors qu'il remarqua que Bates se tenait à l'extrémité du comptoir. De cet endroit, Norman voyait l'allée entière et une partie de la route. Il n'était donc pas utile de feindre d'ignorer le départ de Lila.

— Vous permettez que j'entre ? demanda Sam. Ma femme a quelques courses à faire en ville : elle n'a plus de cigarettes.

— Nous avions un distributeur automatique ici, répondit Bates, mais nous n'en vendions pas assez et on me l'a retiré.

Il regardait par-dessus les épaules de Sam et, des yeux, fouillait le crépuscule. Sam comprit qu'il surveillait la voiture pour s'assurer de son départ.

— C'est regrettable que votre femme doive

faire tout ce chemin. Il va sûrement pleuvoir à torrents d'ici quelques minutes.

— Il pleut souvent par ici ?

Sam s'assit sur l'accoudoir du sofa fatigué.

— Assez souvent, dit Bates hochant de la tête sans conviction. Il se passe toutes sortes de choses par ici.

Que voulait-il dire par-là ? Dans la pénombre, Sam leva les yeux vers son interlocuteur. Le regard du gros homme, derrière ses lunettes, semblait vide. Tout à coup, Sam surprit le parfum significatif de l'alcool et en même temps, il remarqua la bouteille posée sur le comptoir. C'était là la réponse. Bates était un peu ivre. Assez pour pétrifier ses traits, mais pas assez pourtant pour l'empêcher de se tenir sur ses gardes. Il vit les yeux de Sam tournés vers la bouteille de whisky.

— Vous en prendrez bien un peu ? lui demanda-t-il. J'allais m'en verser lorsque vous êtes entré.

Sam hésita :

— Dans ce cas...

— Prenez un verre. Il y en a un quelque part sous le comptoir.

Et se penchant, il sortit un gobelet.

— En général, je bois à la bouteille. D'ailleurs, à vrai dire, je ne bois pas pendant mes heures de travail. Mais par ce temps lourd et humide, ça fait du bien, surtout lorsqu'on souffre de rhumatismes, comme c'est mon cas.

Il lui versa à boire et poussa le verre sur le comptoir. Sam se leva et alla le prendre.

— En outre, je n'attends plus de clients ce soir à cause de la pluie. Regardez ce qui tombe !

Sam se tourna vers la fenêtre. La pluie tombait à verse et il pouvait à peine distinguer la route. Il faisait de plus en plus sombre mais Bates ne semblait pas disposé à allumer.

— Allez-y, asseyez-vous et buvez, marmonna-t-il. Ne vous occupez pas de moi. J'aime bien rester comme ça, immobile.

Sam regagna le sofa. Il regarda sa montre. Lila était partie depuis huit minutes environ. Et même sous cette pluie, elle arriverait à Fairvale en moins de vingt minutes... Puis dix minutes pour trouver le shérif — disons quinze en comptant largement — et ensuite vingt minutes pour revenir. De toute façon, il ne lui faudrait pas trois quarts d'heure en tout. Néanmoins, il fallait tuer le temps. De quoi allait-il parler à Norman ?

Sam leva son verre. Bates buvait à la bouteille. Il avalait en faisant du bruit.

— Vous devez vous sentir bien seul parfois, s'enquit Sam.

— C'est vrai.

Norman choqua la bouteille contre le comptoir et ajouta :

— Terriblement seul.

— Ça ne doit pas manquer d'intérêt en un sens.

Je parie que vous voyez toutes sortes de gens dans un endroit comme celui-ci.

— Ils vont, ils viennent. Je n'y prête guère attention. On s'habitue vite, vous savez.

— Il y a longtemps que vous êtes ici ?

— Ça fait plus de vingt ans que je m'occupe de ce motel. J'ai toujours vécu là, depuis que je suis né.

— Et vous êtes tout seul pour vous occuper du motel ?

— Oui, fit Bates en reprenant la bouteille. Tenez, buvez donc un autre verre.

— Ce ne serait pas raisonnable.

— Ça ne vous fera pas de mal. Je ne le dirai pas à votre femme, ricana Bates. Et puis, je n'aime pas boire seul.

Il le servit.

Sam se rassit. Le visage de l'homme n'était plus qu'une tache grise dans l'obscurité grandissante. Le tonnerre grondait encore au-dessus de leurs têtes mais il n'y avait pas d'éclair. Et dans la pièce, tout paraissait calme et paisible.

A regarder et à écouter cet homme, Sam éprouvait un léger sentiment de honte. Il avait tellement, tellement l'air d'un *homme comme les autres !* On ne pouvait pas imaginer une minute qu'il pût être mêlé à une pareille histoire.

Et d'ailleurs, jusqu'à quel point était-il mêlé à cette histoire ? Sam l'ignorait. Mary avait volé de l'argent, elle avait passé une nuit ici, et elle avait perdu une boucle d'oreille sous la douche. Mais elle s'était peut-être cogné la tête, elle s'était peut-être coupé l'oreille quand la boucle était tombée ? Oui et il était possible qu'elle soit allée à Chicago, comme semblaient le croire le shérif et Arbogast. Plus il y pensait et plus il se rendait compte qu'il ne savait pas grand-chose sur le compte de Mary. Dans un sens, il connaissait mieux sa sœur. Une gentille fille certes, mais vraiment trop vive et trop impulsive. Toujours à émettre des jugements et à prendre des décisions trop rapides. Comme par exemple ce soudain désir de venir ici sur-le-champ et de fouiller la maison de Bates. Heureusement qu'il l'avait dissuadée de mettre cette dernière idée à exécution. Qu'elle ramène le shérif. Qui sait, ça aussi, ce serait peut-être une erreur. A en juger par le comportement de Bates, ce garçon ne semblait pas avoir quelque chose sur la conscience.

Sam se rappela soudain que depuis un bon moment il ne parlait plus. Il ne suffisait pas de rester assis là sans mot dire.

— Vous avez raison, murmura-t-il, la pluie tombe serrée.

— J'aime le bruit de la pluie, grommela Bates. Ça me plaît qu'elle tombe si fort. Je trouve ça excitant.

— Ça ne m'était jamais venu à l'esprit. Mais quelque chose d'excitant par ici de temps en temps, c'est sûrement le bienvenu.

— Je ne sais pas. Nous avons quelques sujets d'excitation.

— « Nous » ? Je croyais-que vous viviez seul.

— J'ai dit que je m'occupais seul du motel. Mais il nous appartient, à ma mère et à moi.

Sam faillit s'étouffer en buvant son whisky. Il reposa le verre, le serrant très fort entre ses doigts.

— J'ignorais...

— Bien sûr, comment auriez-vous pu savoir ? Personne ne sait. Elle reste toujours dans la maison. Il le faut. Vous comprenez, presque tout le monde la croit morte.

Sa voix était calme. Sam ne voyait plus le visage de Bates, noyé dans l'ombre, mais il sentait qu'il était aussi calme que sa voix.

— A vrai dire, il se *passe* des tas de choses excitantes ici. Comme ce qui s'est passé il y a vingt ans, quand ma mère et l'oncle Joe Considine ont avalé du poison. J'ai alors appelé le shérif. Il est venu et les a trouvés. Ma mère avait laissé une lettre dans laquelle elle expliquait tout. Puis on a fait une enquête à laquelle je n'ai pas assisté. J'étais malade. Très malade. On m'a emmené à l'hôpital. J'y suis resté longtemps. Presque trop longtemps car, en sortant, je n'étais pour ainsi dire plus bon à rien. Mais je m'en suis tiré.

— Vous vous en êtes tiré ?

Bates ne répondit pas, mais Sam entendit le

glouglou et le bruit de la bouteille qu'on reposait.

— Allons, grogna Bates, je vais vous resservir à boire.

— Pas encore.

— Mais si.

Il était sorti du comptoir et son ombre épaisse recouvrait Sam. Il tendit la main pour prendre son verre.

Sam se recula.

— D'abord, racontez-moi le reste, fit-il vivement.

Bates s'arrêta pour répondre :

— Bien sûr. J'ai ramené ma mère à la maison. La voilà, la partie excitante de l'aventure. Je suis allé au cimetière et j'ai ouvert la tombe. Maman était restée enfermée si longtemps dans son cercueil que, tout d'abord, je l'ai *vraiment crue* morte. Evidemment, elle ne l'était pas. C'était pas possible. Autrement, comment aurait-elle pu communiquer avec moi pendant que je me trouvais à l'hôpital ? En vérité, elle était seulement en état d'hypnose. Et je savais très bien comment la réveiller. Ces moyens *existent*, vous savez. Il y a des gens qui appellent ça de la magie. La magie... ce n'est qu'un mot. Ça ne veut absolument rien dire. Il n'y a pas si longtemps que les gens prétendaient que l'électricité, c'était de la magie. Or, c'est une force, une force qui peut être jugulée si on en connaît le secret. La vie aussi est une force, la force vitale. Et tout comme l'électricité, vous pouvez la donner ou la supprimer. Je l'avais supprimée et je savais comment la redonner. Vous me comprenez bien ?

— Oui... c'est très intéressant.

— Je savais bien que ça vous intéresserait, vous et la jeune femme. Vous n'êtes pas mariés, n'est-ce pas ?

— Euh...

— Voyez-vous, j'en sais plus que vous ne le pensez. Et plus que *vous*, vous n'en savez vous-même.

— Monsieur Bates, vous n'êtes pas un peu souffrant ? Je crois que...

— Je vois, je vois... Vous me croyez saoul, pas vrai ? Mais je ne l'étais pas quand vous êtes arrivé. Je ne l'étais pas davantage quand vous avez découvert la boucle d'oreille et que vous avez dit à la jeune femme d'aller chez le shérif.

— Moi...

— Ne bougez pas. N'ayez pas peur. Est-ce que j'ai peur, moi ? Et j'aurais peur si j'avais quelque chose à me reprocher. Croyez-vous que je vous raconterais tout cela si j'avais quelque chose à me reprocher ?

Le gros homme marqua une pause et reprit :

— Non, j'ai attendu que vous arriviez, j'ai attendu de voir votre compagne gagner la route. J'ai même attendu qu'elle s'arrête.

— Qu'elle s'arrête ?

Sam chercha le visage de l'homme dans l'obscurité mais il n'entendait que sa voix.

— Oui. Vous ne saviez pas qu'elle avait arrêté sa voiture, n'est-ce pas ? Vous pensiez qu'elle était partie chercher le shérif comme vous le lui aviez dit. Mais elle n'en fait qu'à sa tête. Vous ne vous rappelez pas ce qu'elle voulait faire ? Elle voulait jeter un coup d'œil dans la maison. Et c'est bien ce qu'elle a fait. Elle y est maintenant.

— Je veux m'en aller...

— Comme vous voudrez, je ne vous retiens pas. J'avais simplement l'intention de vous offrir un autre verre et je vous aurais raconté la suite de l'histoire de ma mère. Je pensais que ça vous intéresserait à cause de cette fille. Elle doit être en train de parler à ma mère.

— Laissez-moi passer.

Sam s'était levé rapidement et l'ombre épaisse s'écarta.

— Alors vous ne voulez plus rien boire ?

La voix de Bates sonnait joyeusement par-dessus son épaule.

— Parfait, faites comme vous voud...

Le reste de la phrase se perdit dans le bruit du tonnerre et le bruit du tonnerre se perdit dans la nuit. C'est alors que Sam sentit la bouteille exploser sur son crâne. Puis, la voix, le tonnerre, l'explosion et Sam lui-même disparurent dans les ténèbres...

Et toujours dans les ténèbres, quelqu'un secoua Sam, le secoua violemment pour le tirer des ténèbres et le ramener à la lumière qui brûlait dans la pièce, blessant ses yeux entrouverts. Mais Sam avait repris conscience. Des bras l'entouraient, le soulevaient. Il lui sembla tout d'abord que sa tête ne tenait plus à son corps. Puis il se rendit compte qu'elle lui faisait mal, atrocement mal et il put enfin ouvrir les yeux : le shérif Chambers était près de lui.

Sam était assis par terre près du sofa et Chambers le regardait. Sam lui bredouilla :

— Dieu merci, il mentait. Lila est bien allée vous chercher.

Le shérif ne semblait pas l'écouter.

— On m'a appelé de l'hôtel il y a environ une demi-heure. Ils étaient à la recherche de votre ami Arbogast. Il semble qu'il ait quitté l'hôtel mais il n'est jamais revenu chercher ses bagages. Il les a laissés en bas samedi matin, disant qu'il allait revenir mais ils ne l'ont pas revu. Après avoir réfléchi à la question, j'ai décidé que j'allais essayer de vous retrouver. J'ai pensé que vous seriez peut-être venu ici seul... heureusement que j'ai suivi mon idée.

— Ce n'est donc pas Lila qui vous a prévenu, bégaya Sam en essayant de se lever.

Sa tête était sur le point d'éclater.

— Restez tranquille, fit le shérif en l'obligeant à se rasseoir. Non, je ne l'ai pas vue. Attendez...

Sam parvint enfin à se redresser. Il se tenait debout, vacillant.

— Que s'est-il passé ici ? remarqua le shérif. Où est Bates ?

— Il est sûrement allé à la maison après m'avoir assommé. Ils sont là-bas tous les deux maintenant, lui et sa mère.

— Mais elle est morte...

— Bien sûr que non, murmura Sam. Elle est en vie et ils sont tous les deux là-haut, avec Lila.

— Voyons, voyons.

Le shérif sortit de la pièce et avança pesamment sous la pluie. Sam le suivit, trébuchant sur l'allée glissante. Il cherchait à reprendre haleine tandis qu'ils grimpaient le raidillon qui menait à la maison.

— Vous en êtes sûr ? lui cria Chambers sans se retourner. Tout est sombre là-haut.

— Tout à fait sûr, haleta Sam.

Mais il aurait pu économiser son souffle.

Tout à coup le tonnerre se mit à déchirer l'air. Un autre bruit s'y mêlait, plus faible, mais plus déchirant encore. Ils l'entendirent tous les deux et ils le reconnurent.

C'était Lila qui hurlait.

[illegible] parrain entra [illegible]. Il se tenait debout, vacillant.

— Que s'est-il passé ? [illegible] le [illegible] Oh [illegible]

— Il est [illegible] allé à la [illegible] après m'avoir [illegible], je [illegible] tous les [illegible] [illegible] lui [illegible] sa tête.

— Mais elle [illegible].

— C'est sûr qu'elle peut mourir avant. Elle est [illegible] et ils sont tous les deux [illegible].

— [illegible], à vous.

Le valet sortit de la pièce et avança pesamment dans la [illegible]. Sans le suivre, [illegible] sur l'allée [illegible], il cherchait à reprendre [illegible] [illegible] le [illegible] qui menait à la maison.

— Vous en êtes sûr ? lui cria [illegible] après [illegible]. Tout est [illegible] le haut ?

— Tout a [illegible].

Mais il aurait pu [illegible] sa [illegible].

Tout [illegible] [illegible] je [illegible] à [illegible]. Un autre [illegible] plus tard, [illegible] [illegible] tous les deux [illegible] ils le [illegible].

— C'était [illegible] qui [illegible].

XV

Lila avait monté les escaliers, gagné la porte d'entrée avant que la pluie se fût mise à tomber.

La maison était vieille. Et sa façade grise semblait bien laide sous la triste clarté de l'orage qui menaçait. Les marches du perron craquèrent sous ses pas et elle entendit le vent qui faisait grincer les volets des fenêtres.

Elle frappa rageusement à la porte sans espoir de réponse. Car de l'espoir, elle n'en avait plus.

En vérité, personne ne se *souciait de quoi que ce soit. Personne ne se souciait de ce qui avait pu arriver à Mary, personne. M. Lowery voulait simplement récupérer son argent. Arbogast, lui, voulait retrouver cet argent et le conserver. Quant au shérif, il n'avait qu'une idée : ne pas avoir d'ennuis. Mais ce qui la bouleversait le plus, c'étaient les réactions de Sam.*

Lila frappa de nouveau et les coups résonnèrent dans la maison. Le bruit de la pluie les étouffa. Elle ne voulut pas s'en inquiéter.

D'accord, elle *était* de mauvaise humeur, elle le reconnaissait... et pourquoi ne l'aurait-elle pas été ? Depuis une semaine, elle n'entendait que ces mots : *ne vous énervez pas, soyez calme, détendez-vous, ayez un peu de patience.* Si elle les avait écoutés, elle serait encore à Fort Worth. Mais puisqu'elle était venue jusqu'ici, au moins aurait-elle dû pouvoir compter sur Sam pour l'aider.

Encore une illusion perdue ! Oh, il était bien gentil, beau garçon même, mais il avait ce comportement prudent, lent et conservateur des gens des petites villes. Lui et le shérif, ils formaient une belle paire à eux deux ! Ne jamais courir de risque, tel était leur point de vue.

Mais ce n'était pas le sien. Surtout depuis qu'elle avait trouvé la boucle d'oreille. Comment Sam avait-il pu prendre ça à la légère et l'envoyer chercher le shérif ? Pourquoi n'avait-il pas sauté sur Bates ? Pourquoi ne l'avait-il pas roué de coups pour le faire avouer ? C'est ce qu'elle aurait fait, elle, si elle avait été un homme. Une chose était certaine : elle en avait fini de compter sur les autres... les autres qui s'en moquaient, qui ne pensaient qu'à ne pas avoir d'ennuis. Elle n'avait plus aucune confiance en Sam. Pas plus qu'elle n'en avait dans le shérif.

Et c'est bien parce qu'elle était tellement en colère qu'elle faisait ce qu'elle faisait. Elle en avait par-dessus la tête de leur prudence et de leurs théories. Il y a des moments dans la vie où l'on doit faire taire la raison pour écouter son cœur. C'est uniquement par sentiment — un sentiment de frustration d'ailleurs — qu'elle avait été poussée à fouiller presque sans espoir la chambre qu'avait occupée Mary, et où elle avait découvert la boucle d'oreille. Et elle trouverait certainement quelque chose d'autre dans la maison. Il le *fallait*. Elle agirait très prudemment, en gardant la tête froide ; mais elle voulait se rendre compte par elle-même. Ensuite, il serait grand temps de remettre l'affaire entre les mains du shérif et de Sam. Elle agita nerveusement la poignée de la porte en évoquant leur contentement de soi. Pourtant, c'était inutile. Il n'y avait personne à l'intérieur pour lui répondre. Elle le savait. Et elle voulait entrer. Tout le problème était là.

Lila fouilla dans son sac. Toutes ces plaisanteries usées sur le contenu du sac des femmes... ce genre de plaisanteries que Sam et le shérif apprécient sûrement ! Une lime à ongles ? Non, *ça* n'ira pas. Mais elle se rappela avoir un jour ramassé quelque part — elle ne savait plus où — un rossignol. Elle l'avait peut-être mis dans son porte-monnaie, dont elle ne se servait jamais. Oui, il y était.

Un rossignol ? Pourquoi est-ce que ça s'appelait

ainsi ? Ce n'était pas le moment d'y penser, ni de se préoccuper d'étymologie. La seule question qui se posait : savoir si la clef ouvrirait la porte ou non.

Elle l'introduisit dans la serrure et elle tourna un peu. La serrure résista. Elle tourna dans l'autre sens. La clef allait presque, mais il y avait quelque chose qui...

De nouveau, la colère vint à son secours. De toutes ses forces, elle tordit la clef qui heurta la poignée avec un claquement sec : la serrure céda, et la porte s'ouvrit. Elle entra.

Lila s'arrêta dans le vestibule. Il y faisait plus sombre que sur le perron. Mais il devait y avoir un commutateur quelque part sur le mur.

Elle le trouva et alluma. Au-dessus de sa tête, l'ampoule nue versait une lumière faible et maladive qui éclairait les murs couverts d'un papier en lambeaux. Que représentait le dessin ? Des grappes de raisin ou des bouquets de violettes ? Hideux. Ça devait dater du siècle dernier.

Un coup d'œil jeté dans le salon la confirma dans cette idée. Lila n'eut pas envie d'y entrer. Elle examinerait plus tard les pièces du rez-de-chaussée. Arbogast avait parlé de quelqu'un qui regardait par la fenêtre du premier étage. C'était par-là qu'il fallait commencer.

Il n'y avait pas de bouton électrique dans l'escalier. Lila monta lentement, s'agrippant à la rampe.

Comme elle atteignait le palier, le tonnerre éclata. La maison tout entière sembla trembler. Involontairement Lila sursauta, puis elle se calma. Ce sursaut était *involontaire*, se dit-elle. C'était très naturel. Pourtant, dans une maison aussi vide que celle-ci il ne pouvait rien y avoir d'effrayant. Elle alluma sur le palier. Les murs avaient été tendus jadis de papier rayé vert et si ça ne l'effrayait pas, alors rien ne pourrait lui faire peur. Abominable !

Trois portes s'offraient à son choix. La première menait à la salle de bains, Lila n'avait jamais vu d'endroit pareil, sauf dans un musée... Non, elle se reprit : on ne voit pas de salle de bains dans les musées. Mais celle-ci méritait d'y être. Une baignoire toute en hauteur, montée sur pieds, des tuyaux apparents sous la coupe du lavabo et le siège des cabinets ; et se balançant du plafond, la chaîne de la chasse d'eau. Placé au-dessus du lavabo, un petit miroir taché, dont le tain manquait par endroits, mais il n'y avait pas d'armoire à pharmacie. Un placard regorgeait de serviettes de toilette et de draps. Elle fourragea nerveusement parmi le linge. Elle en conclut que Bates devait avoir envoyé ses affaires à la blanchisserie. Les draps étaient impeccablement repassés et soigneusement pliés.

Lila ouvrit la seconde porte et alluma. Une autre ampoule nue éclairait faiblement mais sa lumière suffit à Lila pour qu'elle comprît à qui était la chambre. C'était celle de Bates... singulièrement petite, bizarrement en désordre, avec un lit étroit destiné plutôt à un enfant qu'à un adulte. Probablement avait-il toujours dormi là depuis sa naissance. La couchette était défaite et visiblement elle venait d'être occupée. Un bureau était placé dans un coin, à côté du placard... une de ces vieilleries horribles, patinées de façon vieux chêne avec des poignées de tiroirs noircies. Elle n'eut aucun scrupule à fouiller ces tiroirs.

Celui du haut contenait des cravates et des mouchoirs, sales pour la plupart. Les cravates étaient larges et démodées. Elle trouva dans une boîte, d'où on ne l'avait jamais sortie, une pince à cravates, à côté de deux paires de boutons de manchette. Dans le second tiroir, des chemises, et dans le troisième des chaussettes, des caleçons et des tricots. Le tiroir du bas était rempli de vêtements blancs et informes. En y regardant plus près, elle constata, sans presque vouloir y croire, que c'étaient des chemises de nuit de femme. Bates portait peut-être aussi un bonnet de nuit ! En vérité, toute cette maison était un vaste bric-à-brac.

Curieux que cette demeure ne contînt aucun souvenir personnel : ni papiers, ni photographies. Mais peut-être, après tout, les gardait-il dans son bureau du motel. Oui, c'était très probable.

L'attention de Lila fut attirée par deux portraits accrochés au mur. Sur le premier, un petit garçon, à califourchon sur un poney, et sur le second, le même gamin, debout devant une école de campagne, en compagnie de cinq autres enfants, tous des filles. Il fallut quelques minutes à Lila avant qu'elle ne reconnût Norman Bates. Il était très mince quand il était petit.

Il ne lui restait rien d'autre à visiter que le placard et deux rayons de livres dans un coin. Pour le placard, ce fut vite fait : il s'y trouvait deux costumes sur des cintres, un veston, un pardessus, un pantalon sale et taché de peinture. Il n'y avait rien dans les poches des vêtements. Deux paires de chaussures, des pantoufles traînant par terre complétèrent l'inventaire.

Au tour des rayons de livres à présent.

Alors Lila s'arrêta, stupéfaite. Elle contempla très perplexe les titres incongrus des livres qui formaient la bibliothèque de Norman Bates. *Un Nouveau Modèle de l'Univers, La Prolongation de la Conscience, Le Culte des Sorcières en Europe Occidentale, La Dimension et l'Etre*. Ce n'étaient pas là les livres d'un petit garçon et ils n'étaient pas à leur place dans la maison d'un propriétaire de motel rural. Elle passa rapidement les planches en revue. Psychologie anormale. Occultisme. Théosophie. Des traductions de *Là-bas*, de *Justine*. Et, sur la planche du bas, un indescriptible assortiment de volumes sans titres, pauvrement reliés. Lila en prit un au hasard et l'ouvrit. La première illustration qui lui sauta aux yeux était pathologiquement pornographique.

Elle remit vivement le volume sur sa planche et se leva. Ce faisant, le sentiment de répulsion qu'elle avait éprouvé tout d'abord disparut pour laisser la place à une réaction plus violente. Ici *s'étaient passés* des faits étranges, sans aucun doute. Ce qu'elle n'avait pas pu lire sur le visage de Norman Bates, ce visage, gras, triste, sans personnalité, se lisait ici avec presque trop de clarté dans le choix des livres.

Fronçant les sourcils, elle regagna le vestibule. La pluie rebondissait sur le toit et le tonnerre grondait lorsqu'elle ouvrit la porte à panneaux sombres qui menait à la troisième pièce. Pendant quelques instants, elle se tint immobile sur le seuil, fouillant l'ombre des yeux, respirant une odeur où se mêlaient le musc et le moisi et... quoi encore ?

Elle tourna la bouton le long de la porte et sursauta.

C'était la chambre de devant, sans aucun doute. Le shérif avait bien dit que Bates l'avait conservée sans le moindre changement depuis la mort de sa mère. Mais Lila n'était pas préparée à ce qu'elle avait devant les yeux.

Elle n'était pas préparée à pénétrer d'emblée dans un siècle passé. Et pourtant, elle s'y trouvait, brusquement transportée dans un monde dont l'existence remontait loin avant sa naissance.

Car le décor de cette pièce était déjà démodé

bien avant la mort de la mère de Norman Bates. Depuis plus de cinquante ans, il n'existait plus de chambres semblables. Car celle-ci appartenait au monde des pendules à contrepoids, des bibelots en porcelaine de Dresde, des pelotes à épingles parfumées, des carpettes rouges grenat, des tentures à passementerie, des coiffeuses à jupon et des lits à colonnes ; une chambre avec des rocking-chairs, des chats en porcelaine, des dessus de lit brodés à la main et des chaises capitonnées à têtière.

Cette chambre était encore vivante.

Et ce fut ce qui donna à Lila l'impression d'avoir perdu la notion du temps et de l'espace. En bas, c'étaient les restes d'un passé ravagé par la pourriture. En haut, tout était saleté et négligence. Mais cette chambre était calme, ordonnée, harmonieuse ; une entité vivante, solennelle et qui formait un tout parfait. La pièce était nette, sans le moindre grain de poussière et admirablement rangée. Et cependant, à part l'odeur de musc, on n'avait pas l'impression, quand on s'y trouvait, d'être dans un décor ou dans un musée. La chambre avait vraiment l'air de vivre comme toute pièce dans laquelle on a vécu longtemps. Meublée plus de cinquante ans auparavant, inhabitée et intacte depuis la mort de celle qui l'occupait vingt ans plus tôt, c'était toujours la chambre d'une personne vivante. Une chambre où, la veille, une femme avait été assise et avait regardé par la fenêtre...

Les fantômes n'existent pas, se dit Lila. Puis elle fronça de nouveau les sourcils en se rendant compte de la nécessité de cette négation. Et pourtant, ici, elle sentait une présence vivante.

Elle se dirigea vers le placard. Des manteaux et des robes étaient accrochés bien en ordre, quoique quelques vêtements fussent déformés et chiffonnés pour n'avoir pas été repassés depuis longtemps. Il y avait des jupes courtes, comme on en portait voilà plus de vingt-cinq ans. Sur la planche étaient posés des chapeaux compliqués, des écharpes, plusieurs châles du genre de ceux que mettent les femmes d'un certain âge dans leur petit village. Au fond du placard, une niche profonde et vide avait été prévue pour y ranger les valises. Et c'était tout.

Lila se remit à examiner la coiffeuse et la psyché, puis s'arrêta près du lit. Le couvre-lit brodé était très joli ; elle y passa la main pour en tâter le tissu puis elle la retira vivement.

Le dessus de lit était bordé au pied et retombait sans faux pli de chaque côté. Mais le haut était dérangé. Oui, il avait été bordé, mais vite et sans soin, et l'on apercevait un bout des oreillers. On eût dit un lit fait très rapidement et...

Elle arracha le dessus de lit et rejeta les couvertures. Les draps étaient grisâtres et piqués de petites taches rousses. Or, le lit lui-même et l'oreiller portaient l'indéniable empreinte d'un occupant récent. Elle reconnaissait presque la forme du corps par les plis laissés sur le drap et, au milieu de l'oreiller, elle vit un creux profond à l'endroit où les taches rousses étaient les plus nombreuses.

Les fantômes n'existent pas, se redit Lila. On s'était servi de cette chambre. Bates n'y avait pas dormi... l'état du petit lit en témoignait suffisamment. Mais quelqu'un avait dormi là, cette même personne qui avait regardé par la fenêtre. *Et si ç'avait été Mary ? Où était-elle à présent ?*

Lila aurait pu mettre au pillage le reste de la chambre, examiner les tiroirs de fond en comble, fouiller le rez-de-chaussée. Mais, pour le moment, ce n'était pas important. Il y avait quelque chose d'autre à faire d'abord, si seulement elle pouvait s'en souvenir. *Où était donc Mary maintenant ?*

Et soudain elle sut.

Qu'avait donc dit le shérif Chambers ? Qu'il avait trouvé Norman Bates dans les bois derrière la maison, en train de ramasser des branches mortes ?

Des branches mortes pour la chaudière. Oui, c'était ça. *La chaudière dans le sous-sol...*

Lila fit demi-tour et dégringola l'escalier à toute vitesse. La porte d'entrée était ouverte et le vent la faisait gémir. Bien sûr, la porte était ouverte puisqu'elle s'était servi de la fausse clef... Elle comprenait à présent qu'elle avait peur depuis l'instant où elle avait retrouvé la boucle d'oreille. Et cette peur s'était transformée en colère, une colère qui avait submergé sa peur. La peur de ce qui était arrivé à Mary, en bas dans la cave. C'était pour Mary qu'elle avait peur, non pas pour elle-même. Bates avait gardé sa sœur prisonnière toute la semaine, peut-être qu'il l'avait torturée, peut-être qu'il lui avait fait subir ce que l'homme faisait subir à la femme dans cet horrible livre pornographique. Il l'avait torturée jusqu'à ce qu'elle lui eût avoué où se trouvait l'argent. Et ensuite...

La cave. Il fallait qu'elle trouve la cave.

Lila traversa rapidement le vestibule et pénétra dans la cuisine. Elle alluma et sursauta en voyant le petit animal à longue fourrure tapi sur une planche, prêt à lui sauter dessus. C'était un écureuil empaillé, dont les yeux de verre semblaient stupidement vivants sous la lueur de l'ampoule.

L'escalier menant au sous-sol était en face d'elle. Elle tâtonna le long du mur pour atteindre le commutateur. Le sous-sol s'éclaira d'une lueur pâle et glauque. Le tonnerre gronda, formant un contrepoint au claquement de ses talons.

L'ampoule nue dansait au bout d'un fil face à la chaudière. C'était un grand calorifère avec une lourde porte de fonte. Lila s'arrêta. Elle tremblait et fut obligée de l'admettre. Elle était prête à tout admettre à présent. Elle avait été stupide de venir ici seule, stupide de faire ce qu'elle avait fait et stupide de faire ce qu'elle s'apprêtait à faire. Mais il le fallait à cause de Mary. Il lui fallait ouvrir la porte de la chaudière. Elle y découvrirait ce qu'elle savait y être. *Mon Dieu, et si le feu brûlait encore ? Si...*

Mais la porte était froide. Aucune chaleur ne se dégageait de la chaudière, pas plus qu'il ne s'en dégageait de la resserre obscure et complètement vide. Elle se baissa, examina, sans même tenter de se servir du tisonnier. Ni cendres, ni odeur de feu, rien. A moins qu'on ne l'eût récemment nettoyée, la chaudière n'avait pas été utilisée depuis le printemps dernier.

Lila se détourna. Elle vit les bacs à laver démodés, la table et la chaise placées tout contre le mur. Sur la table, des bouteilles, des outils de menuisier, et tout un assortiment de couteaux et d'aiguilles. Quelques couteaux étaient munis de lames étrangement recourbées et plusieurs aiguilles étaient encore fixées à leurs seringues. A côté, un tas de morceaux de bois, de gros fils de métal, des masses informes et blanchâtres qu'elle ne reconnut pas tout de suite. L'une d'elles, plus grosses que les autres, lui rappela un plâtre qu'elle avait porté, enfant, lorsqu'elle s'était cassé la jambe. Lila s'approcha de la table et contempla les couteaux avec étonnement.

C'est alors qu'elle entendit le bruit.

Tout d'abord, elle crut que c'était le tonnerre, mais ensuite elle perçut un craquement au-dessus de sa tête. Et elle sut.

Quelqu'un était entré dans la maison. Quelqu'un marchait dans le vestibule sur la pointe des pieds. Etait-ce Sam ? Etait-il venu à sa recherche ? Mais, dans ce cas, pourquoi ne l'appelait-il pas ?

Et pourquoi avait-il fermé la porte de la cave ?

Car la porte de la cave *venait de se fermer*. Elle entendit le déclic de la serrure et les pas qui s'éloignaient. L'intrus devait être en train de monter au premier étage.

Elle était enfermée dans la cave. Il n'y avait plus d'issue possible. Plus d'issue, nul endroit où se cacher. Quiconque descendait les escaliers menant à la cave embrassait d'un coup d'œil tout le sous-sol. Et elle savait que quelqu'un, tout de suite, allait descendre ces escaliers. Elle en était sûre.

Si seulement elle avait pu se cacher, ne fût-ce qu'un instant, celui qui la recherchait serait obligé d'aller jusqu'en bas des marches pour l'apercevoir. Et alors, elle aurait peut-être le temps de se précipiter vers la sortie.

La meilleure cachette était la cage de l'escalier. Si elle pouvait se dissimuler sous de vieux papiers ou de vieux chiffons...

C'est à ce moment que Lila aperçut la couverture clouée sur le mur. C'était une grande couverture indienne, vieille et très usée. Elle l'arracha et le tissu moisi se détacha des clous qui le maintenaient. Il tomba du mur, démasquant la porte.

La porte. La couverture l'avait complètement

dissimulée. Sans doute, cette porte menait-elle à une autre pièce, probablement un cellier à l'ancienne mode. C'était l'endroit idéal pour se cacher et attendre.

Et l'attente ne serait pas longue. Car maintenant, elle entendait le bruit des pas assourdis qui se rapprochait, traversant le vestibule puis gagnant la cuisine.

Lila ouvrit la porte du cellier.

C'est alors qu'elle cria.

Elle cria à la vue de la vieille femme, une vieille femme décharnée, aux cheveux gris dont le visage ridé, parcheminé, lui adressait une obscène grimace de bienvenue.

— Madame Bates, haleta Lila.

— *Oui.*

Mais la voix n'émanait pas de ces joues creuses et tannées.

La voix venait de plus loin, derrière elle, du haut de l'escalier.

Lila se retourna et vit une silhouette informe et lourde, à demi cachée par la robe étroite qu'on avait trop rapidement enfilée sur d'autres vêtements. Affolée, elle contempla le châle qui ressemblait à un linceul, le visage blanc et peint, qui minaudait. Elle contempla encore les lèvres maladroitement fardées et les vit s'entrouvrir en une grimace convulsive.

Je suis Norman Bates, dit la voix aiguë et perçante. Et la main apparut, la main qui tenait le couteau. Et une forme avançait à petits pas suivie de près par quelqu'un qui courait. Lila cria de nouveau, Sam apparut en bas de l'escalier et le couteau surgit, rapide comme la mort. Sam agrippa la main qui tenait l'arme et la tordit. Il la tordit jusqu'à ce que le couteau tombât sur le sol.

Lila ferma la bouche, mais le cri ne s'éteignit pas.

C'était le cri dément d'une femme folle. Et il sortait de la gorge de Norman Bates.

XVI

Il fallut presque une semaine pour récupérer les voitures et sortir les corps du marais. La police routière dut se déplacer avec une drague et des treuils pour accomplir le travail. On découvrit l'argent dans la boîte à gants. Aussi curieux que ça puisse paraître, les billets n'étaient même pas tachés de boue.

Et à peu près en même temps, on captura dans l'Oklahoma les bandits qui avaient attaqué la banque. Mais cette dernière histoire n'occupa guère plus d'une demi-colonne dans le *Weekly Herald* de Fairvale. Presque la totalité de la première page était consacrée à l'affaire Bates. Les grandes agences de presse s'en emparèrent aussitôt et on en fit longuement état à la télévision. On alla même jusqu'à qualifier le motel des Bates d'« Auberge Rouge » et on prétendit que dans cette « taverne des horreurs », Norman avait assassiné nombre de clients, et ce depuis des années. On réclama une enquête approfondie sur toutes personnes portées manquantes dans cette région depuis les deux dernières décades. On insista pour que le marais fût drainé afin de voir si l'on y découvrirait d'autres cadavres.

Evidemment, ce n'étaient pas les journalistes qui en assureraient les frais !

Le shérif Chambers accorda un grand nombre d'interviews, dont plusieurs parurent intégralement... deux même avec des photos à l'appui. Il promit qu'on procéderait à une enquête complète du cas Bates. Le district Attorney réclama un procès rapide (les élections d'octobre approchaient) et il ne fit rien pour contredire ouvertement les rumeurs, écrites ou orales, qui circulaient. Ces rumeurs accusaient Norman Bates d'être coupable de cannibalisme, de satanisme, d'inceste et de nécrophilie.

En vérité, il n'avait jamais adressé la parole à Bates. Celui-ci était pour l'instant en observation à l'hôpital du Comté.

Les propagateurs de rumeurs non plus mais cela ne les arrêtait pas pour autant. Avant la fin de la semaine, il apparut que virtuellement toute la population de Fairvale, sans parler de celle du Comté tout entier avaient connu Norman Bates personnellement et intimement. Certains mêmes étaient

« allés en classe avec lui lorsqu'il était « petit » et déjà, à ce moment, « avaient remarqué quelque chose de bizarre dans son comportement ». De nombreuses gens prétendaient « l'avoir vu alors qu'il tenait le motel » et eux aussi attestaient qu'ils l'avaient « toujours suspecté ». D'autres se rappelaient sa mère et Joe Considine et affirmaient « qu'ils avaient compris que la manière dont ces deux-là s'étaient suicidés était loin d'être normale ». Mais ces ragots abominables qui concernaient une histoire vieille de vingt ans semblaient périmés en comparaison des révélations récentes.

Naturellement, on ferma le motel, ce qui était dommage en un sens car la quantité innombrable de visiteurs avides de sensations morbides croissait de jour en jour. Il va de soi que beaucoup de touristes mouraient d'envie d'y louer des chambres. On aurait été obligé d'augmenter sensiblement les tarifs pour compenser la perte du linge de toilette qui n'auraient pas manqué de disparaître, emporté comme souvenirs de ce jour mémorable. Mais la police montait la garde devant le motel et la propriété.

Et Bob Summerfield, lui aussi, enregistra une remontée du chiffre d'affaires de la quincaillerie. Tout le monde voulait parler à Sam, évidemment. Mais il passa une bonne partie de la semaine suivante à Fort Worth avec Lila, puis se rendit à l'Hôpital Psychiatrique où trois médecins aliénistes examinaient Norman Bates.

Il ne fallut pas attendre moins de dix jours pour qu'enfin le Dr Nicholas Steiner, chargé des observations médicales, établisse son diagnostic définitif.

Sam fit à Lila un compte rendu détaillé du résultat lorsque celle-ci vint passer le week-end suivant à Fairvale. D'abord, il se montra assez réticent mais elle insista pour connaître tous les détails.

— Nous ne saurons sans doute jamais ce qui s'est passé exactement, lui dit Sam. Quant aux motifs, le Dr Steiner m'a expliqué qu'on en serait toujours réduit aux conjectures. En premier lieu, ils ont administré des sédatifs à Bates. Puis, quand il s'est réveillé, personne n'a pu le faire véritablement parler. Steiner m'a dit que c'était encore avec lui que Bates était le plus bavard. Mais tout au long de ces derniers jours, il lui a semblé dans un état mental particulièrement confus. Steiner m'a parlé de fugue, de cathexie, de traumatisme, et je vous avoue que je n'y ai pas compris grand-chose. Toutefois, il m'a dit que, d'aussi près qu'il ait pu serrer le cas, tout remonte à l'enfance de Bates, bien avant la mort de sa mère. Lui et sa mère étaient fort attachés l'un à l'autre et, apparemment, elle le dominait... C'est évident. Leurs relations étaient-elles teintées d'inceste ? Ça, le Dr Steiner l'ignore. Il soupçonne, par contre, Norman d'avoir été un inverti refoulé bien avant la mort de sa mère. Vous savez ce que c'est qu'un inverti, n'est-ce pas ?

Lila acquiesça :

— Oui, c'est quelqu'un qui porte les vêtements du sexe opposé, c'est bien ça ?

— A vrai dire, d'après ce que m'a expliqué le Dr Steiner, ça va beaucoup plus loin. Les invertis ne sont pas nécessairement des homosexuels, mais ils s'identifient totalement aux gens du sexe opposé. D'un côté, Norman voulait ressembler à sa mère et de l'autre, il voulait que sa mère fût partie intégrante de lui-même.

Sam alluma une cigarette.

— Je ne m'étendrai pas sur ses années d'école ni sur sa réforme au moment de son service militaire. J'en viens donc à ses dix-neuf ans, époque à laquelle sa mère décida que Norman n'aurait plus de contact avec le monde extérieur. C'est sans aucun doute à dessein qu'elle l'avait empêché de devenir adulte. Bien sûr, nous ne saurons jamais jusqu'à quel point elle fut responsable de ce qu'il devint. On suppose que c'est à ce moment qu'il se passionna pour l'occultisme et pour les choses de ce genre. Joe Considine entra en scène au même moment.

» Le Dr Steiner n'a pas pu faire dire grand-chose à Norman sur ce Joe Considine... Encore aujourd'hui — et ça fait pourtant plus de vingt ans — sa haine contre cet homme est si forte que le seul fait de mentionner son nom le met en furie. Or, le docteur s'en est entretenu avec le shérif qui lui a sorti tous les vieux journaux de l'époque. Il n'a eu aucune difficulté à se faire une idée très précise de ce qui s'est passé :

» Considine avait une quarantaine d'années quand il fit la connaissance de Mme Bates, âgée alors de trente-neuf ans. Je crois qu'elle n'avait rien d'une beauté ; elle était maigre, avec les cheveux grisonnants mais, par contre, son mari l'avait quittée en laissant une ferme et des terrains qu'il avait mis à son nom à elle. Pendant les années où elle avait été seule, elle avait gagné pas mal d'argent. Et bien qu'ayant largement payé le couple qui avait exploité la ferme pour son compte, elle avait mis une jolie somme de côté. Considine commença aussitôt à lui faire la cour. Ce ne fut pas facile... J'imagine que depuis que son mari les avait abandonnés, elle et l'enfant, Mme Bates détestait les hommes et, d'après le Dr Steiner, ce serait une des raisons pour lesquelles elle se comporta envers Norman comme vous le savez. Mais j'étais en train de vous parler de Considine. Il lui arracha finalement son consentement et elle accepta de l'épouser. Il avait réussi à la convaincre de vendre la ferme et d'employer cet argent à la construction d'un motel... L'ancienne route nationale passait devant leur terrain et l'on pouvait espérer faire de bonnes affaires.

» En apparence, Norman ne manifestait aucune opposition à cette idée. Le projet se réalisa sans encombre et pendant les trois premiers mois, Norman et sa mère exploitèrent ensemble le motel. C'est à ce moment-là, et à ce moment-là seulement, que sa mère lui annonça qu'elle allait se marier avec Considine.

— Et c'est ce qui lui a dérangé la tête ? demanda Lila.

Sam écrasa sa cigarette dans le cendrier. Ce qui lui permit de détourner la tête pour lui répondre.

— Pas exactement, selon ce que le Dr Steiner a découvert. C'est dans des circonstances très gênantes que la nouvelle lui fut annoncée : Norman était entré dans la chambre de sa mère et l'avait trouvée couchée avec Considine. Nous ne saurons jamais s'il ressentit le choc aussitôt ou si la réaction n'eut lieu que plus tard. Mais, par contre, nous en connaissons parfaitement les conséquences. Norman empoisonna sa mère et Considine avec de la strychnine. Il utilisa une espèce de mort-aux-rats qu'il leur servit dans le café. On m'a dit qu'il avait profité d'un jour de fête où ils se trouvaient réunis tous les trois. Dans tous les cas, c'était un dîner de gala et le café était arrosé de cognac, grâce à quoi ils ne perçurent pas le goût du poison.

— C'est horrible, frissonna Lila.

— Oui, d'après ce qu'on m'a dit, ce fut *vraiment* horrible. L'empoisonnement par strychnine provoque des convulsions mais ne supprime pas la connaissance. Les victimes meurent d'asphyxie et les muscles respiratoires se paralysent. Norman a dû assister à toute leur agonie. Et c'en fut trop pour son cerveau.

» Le Dr Steiner pense qu'il est devenu fou en écrivant la lettre annonçant le suicide. Il avait longuement préparé cette lettre et il savait imiter l'écriture de sa mère à la perfection. Il avait même inventé des raisons valables : sa mère était, paraît-il, enceinte, et Considine ne pouvait pas l'épouser parce qu'il avait une femme et des enfants en Californie où il avait vécu sous un autre nom. Le Dr Steiner ajouta que la rédaction même de la lettre aurait dû suffire à éveiller les soupçons et à prouver qu'il y avait quelque chose d'anormal. Mais personne ne remarqua quoi que ce soit, pas plus qu'on ne remarqua ce qui était arrivé à Norman après qu'il eut écrit la lettre et téléphoné au shérif de venir.

» Ils crurent à ce moment-là que le choc et l'émotion l'avaient rendu fou. Ce qu'ils ne comprirent pas, c'est qu'il s'était transformé pendant qu'il écrivait cette lettre. Manifestement, lorsque tout fut terminé, il ne put pas supporter la perte de sa mère. Il voulait qu'elle revienne près de lui. Tandis qu'il écrivait la note en imitant à la perfection l'écriture de Mme Bates, et qu'il se l'adressait à lui-même, *Norman avait changé de personnalité*. Et Norman, ou une partie de lui, *devint* sa mère.

» Le Dr Steiner assure que ces cas sont plus

fréquents qu'on ne le pense, surtout lorsque la personnalité de l'individu est déjà instable, comme l'était celle de Norman. Et le chagrin avait déclenché la crise. Sa réaction fut si violente que personne ne pensa à mettre le suicide en doute. Considine et Mme Bates étaient enterrés bien avant que Norman ne sortît de l'hôpital.

— Et c'est alors qu'il l'a exhumée ? interrogea curieusement Lila.

— C'est ce qu'il a fait sans doute au bout de quelques mois. Il avait la passion de la taxidermie et savait comment s'y prendre.

— Mais je ne comprends pas très bien. Puisqu'il se *prenait* pour sa mère, pourquoi...

— Ce n'est pas aussi simple. Selon le Dr Steiner, Bates avait une personnalité au moins triple. Il était *Norman* le petit garçon, qui avait besoin de sa mère et détestait toute chose ou toute personne pouvant s'interposer entre eux. Il était *Norma*, la mère qui ne devait en aucun cas mourir. Appelons, la troisième, si vous voulez, *Normal :* Norman Bates, l'adulte, qui devait vivre sa vie journalière et cacher au monde l'existence des deux autres personnalités. Naturellement, il ne s'agissait pas de trois entités distinctes car chacune d'elles contenait des éléments des autres. Le Dr Steiner qualifie cela de « Infernale Trinité ».

» Mais Norman, l'adulte, parvint si bien à se dominer qu'il put quitter l'hôpital. Il regagna le motel et c'est alors que ce dédoublement apparut en lui. Ce qui lui pesait le plus, en tant qu'adulte, c'était de se savoir coupable de la mort de sa mère. Conserver vivante la chambre qu'elle avait habitée n'était pas suffisant. Il voulut la conserver *elle* aussi, conserver son corps afin que l'illusion de sa présence physique détruisît chez lui le sentiment de la culpabilité.

» Donc, il la ramena chez eux, l'exhumant de son tombeau, lui donnant une vie nouvelle. Il la mettait au lit chaque soir, l'habillait, la descendait au rez-de-chaussée chaque matin. Bien sûr, il faisait tout cela en cachette et réussit parfaitement à garder son secret. On suppose qu'Arbogast aperçut la silhouette derrière la vitre du premier, mais il n'y a aucune preuve que d'autres gens l'aient vue durant toutes ces années.

— C'était dans sa tête que se passaient les choses monstrueuses, pas dans la maison, murmura Lila.

— Steiner explique qu'ils vivaient ensemble comme un ventriloque et sa marionnette. La mère et le *petit* Norman devaient sans aucun doute échanger des conversations journalières. Et Norman l'adulte devait, lui, rationaliser la situation. Il était capable d'avoir l'air sain d'esprit, mais qui peut savoir ce qu'il comprenait réellement ? Il s'intéressait à l'occultisme et à la métaphysique. Sans doute croyait-il au spiritisme, tout autant qu'il croyait au pouvoir de préservation de la taxidermie. En outre, il lui était impossible de rejeter ou de détruire ses autres personnalités sans se détruire lui-même. Il menait trois vies à la fois.

» Et il s'en sortit jusqu'au jour où...

Sam hésita mais Lila finit la phrase à sa place.

— ... jusqu'au jour où Mary survint. Alors quelque chose se produisit et il la tua.

— C'est la mère qui l'a tuée, dit Sam. C'est *Norma* qui a tué votre sœur. Il n'y a aucun moyen de découvrir ce qui s'est réellement passé, mais le Dr Steiner est sûr que chaque fois qu'une crise survint, ce fut la personnalité de *Norma* qui domina. Bates commençait à boire puis il s'effaçait pour laisser la place *à sa mère*. Tandis qu'il changeait de personnalité, il revêtait ses robes à elle. Après quoi, il cachait le corps embaumé parce que, dans son esprit, elle était la véritable meurtrière et qu'il fallait la protéger.

— Alors le docteur est tout à fait sûr qu'il est fou ?

— C'est un malade mental, un névrosé : telle est l'expression qu'il a employée. Il va demander que Bates soit enfermé dans un asile, probablement jusqu'à sa mort.

— Alors, il n'y aura pas de procès ?

— Non. C'est la raison pour laquelle je suis venu vous voir. Il n'y aura plus de procès...

Sam eut un profond soupir.

— J'en suis désolé. Probablement auriez-vous désiré...

— J'en suis bien contente, murmura lentement Lila. C'est mieux ainsi. C'est curieux comme les choses s'arrangent de multiples façons dans la vie ! Aucun d'entre nous n'a réellement soupçonné la vérité. Nous avons commis des gaffes jusqu'au moment où nous avons bien agi pour de mauvaises raisons. Et même maintenant, je ne puis détester Bates à cause de ce qu'il a fait. Il a dû souffrir plus que n'importe qui. Dans un certain sens, je crois même que je puis le comprendre. Nous ne sommes pas aussi sains d'esprit que nous le pensons.

Sam se leva et elle l'accompagna jusqu'à la porte.

— De toute façon, c'est fini à présent et je vais essayer d'oublier. D'oublier tout ce qui s'est passé.

— Tout ? murmura Sam sans oser la regarder.

— Enfin, presque tout, répondit-elle en ne le regardant pas non plus.

Et ce fut la fin.

Ou *presque* la fin.

XVII

La véritable fin survint sans bruit.

Elle survint dans une petite pièce entourée de barreaux où, pendant si longtemps, les trois voix avaient chuchoté en se mêlant les unes aux autres : la voix de l'homme, celle de la femme et celle de l'enfant.

Les voix avaient retenti séparément comme si elles se reproduisaient par parthénogénèse. Puis tout à coup, comme par miracle, elles s'étaient unies, pour n'en faire qu'une. Et c'était normal puisqu'il n'y avait qu'une seule personne dans la pièce. Il n'y *avait toujours eu* qu'une personne, une personne *seule*.

Elle le savait maintenant.

Elle le savait et elle en était heureuse.

Il valait beaucoup mieux qu'il en fût ainsi ; il valait mieux savoir exactement ce qu'on *était*. Etre sereinement forte, sereinement confiante, sereinement tranquille.

Elle se rappelait le passé comme si ce n'était qu'un vilain rêve. Et c'était cela le passé : un vilain rêve peuplé d'illusions.

Dans ce vilain rêve, il y avait un vilain garçon, un vilain garçon qui avait tué son mari et essayé de l'empoisonner. Dans un coin de ce rêve, apparaissaient des gens qu'on étranglait, des gorges qui haletaient, des visages qui bleuissaient. Dans un autre coin du rêve, apparaissaient une tombe dans la nuit, une tombe qu'on creusait, un couvercle de cercueil qu'on soulevait avec peine. Et puis venait enfin l'instant de la découverte, l'instant où on avait regardé fixement ce qui gisait à l'intérieur. Or, ce qui gisait n'était pas mort, en vérité. N'était plus mort. C'était le vilain garçon, en fait, qui était mort et c'était dans l'ordre des choses.

Dans ce vilain rêve, il y avait aussi un vilain homme. Un vilain homme qui était un assassin. Il avait percé un trou dans le mur, il buvait, il lisait des livres pornographiques et croyait à la magie noire. Mais pire que tout, il était responsable de la mort de deux innocents... une jeune fille à la poitrine provocante, et un homme qui portait un feutre gris. Elle savait tout de cette histoire, bien sûr, et c'est pourquoi elle se rappelait les moindres détails. Parce qu'elle se trouvait là, au moment crucial, et qu'elle observait. Mais elle n'avait rien fait d'autre qu'observer.

C'était le vilain homme qui avait réellement commis les meurtres et qui ensuite avait essayé de l'en faire accuser.

Mère les avait tués. C'est ce qu'il avait dit, mais c'était un mensonge.

Comment eût-elle pu les tuer alors qu'elle se contentait d'observer, alors qu'elle ne pouvait même pas bouger puisqu'elle devait faire semblant d'être un corps embaumé, un corps sans défense, un corps embaumé qui ne pouvait ni faire le mal, ni sentir le mal, mais simplement exister jusqu'à la fin des siècles.

Elle savait bien que personne ne croirait le vilain homme. Lui aussi était mort maintenant. Le vilain homme et le vilain garçon étaient morts tous les deux, à moins qu'ils ne fussent l'un et l'autre qu'une partie de ce rêve. Ce rêve qui maintenant s'était effacé pour toujours.

Elle seule demeurait et elle était vivante.

Etre la seule et se savoir vivante... c'est bien la preuve qu'on est sain d'esprit, n'est-ce pas ?

Mais pour éviter tout ennui, peut-être valait-il mieux continuer à faire semblant d'être un mannequin. Ne pas bouger. Ne jamais bouger. Demeurer assise dans cette petite pièce pour toujours.

Si elle restait assise sans bouger, on ne la punirait pas.

Si elle restait assise sans bouger, on comprendrait qu'elle était normale, saine d'esprit, normale.

Elle resta assise là très longtemps, puis une mouche franchit les barreaux en bourdonnant.

L'insecte se posa sur sa main.

Si elle l'avait voulu, elle aurait pu l'écraser.

Mais elle ne l'écrasa pas.

Elle ne l'écrasa pas et elle espéra qu'on l'observait, ainsi elle *prouvait* qui elle était véritablement.

Voyons, elle était incapable de faire du mal à qui que ce soit. Même pas à une mouche...

FIN

OUVRAGES DE LA COLLECTION « TERREUR »

RODERICK ANSCOMBE
La vie secrète de Laszlo, comte Dracula

IAIN BANKS
Le seigneur des guêpes

CLIVE BARKER
Secret Show
Le royaume des devins
Imajica 1
Imajica 2

WILLIAM P. BLATTY
L'Exorciste : la suite

ROBERT BLOCH
L'écharpe
Lori
Psychose
Psychose 2
Psychose 13
Contes de terreur

J. R. BONANSINGA
Black Mariah
Pire que le mal

RANDALL BOYLL
Froid devant
Monssstre
Territoires du crépuscule

MARION ZIMMER BRADLEY
Sara

RAMSAY CAMPBELL
Envoûtement
La secte sans nom
Soleil de minuit

CATHY CASH SPELLMAN
Dans les griffes du diable

MATTHEW J. COSTELLO
Cauchemars d'une nuit d'été
La chose des profondeurs
Né de l'ombre

MARTIN CRUZ-SMITH
Le vol noir

THOMAS DISCH
Le caducée maléfique

KATHERINE DUNN
Un amour de monstres

JEANNE FAIVRE D'ARCIER
Rouge flamenco
La déesse écarlate

JOHN FARRIS
L'ange des ténèbres
Le fils de la nuit éternelle
Sacrifice

RAYMOND FEIST
Faërie

BERNARD FLORENTZ
Noces d'enfer

CHRISTOPHER FOWLER
Le diable aux trousses
L'illusionniste

RAY GARTON
Crucifax
Extase sanglante

CHRISTOPHER GOLDEN
Des saints et des ombres
L'illusionniste

LINDA C. GRAY
Médium

WILLIAM HALLAHAN
Les renaissances de Joseph Tully

BARBARA HAMBLY
Le sang d'immortalité
Voyage avec les morts

THOMAS HARRIS
Dragon rouge
Le silence des agneaux

JAMES HERBERT
Dis-moi qui tu hantes
Fluke
Fog
La lance
Les rats
Le repaire des rats
L'empire des rats
Le survivant
Sanctuaire
Sépulcre
Présages

Shirley Jackson
Maison hantée
La loterie
Le cadran solaire

Graham Joyce
L'enfer du rêve
Requiem
Sorcière ma soeur
L'intercepteur de cauchemars

Kalogridis Jeanne
Pacte avec le vampire
Les enfants du vampire

Stephen King
La part des ténèbres
Salem
Dolores Claiborne
Les yeux du dragon

Andrew Klavan
Il y aura toujours quelqu'un derrière vous
L'heure des fauves

Dean Koontz
Le masque de l'oubli
Miroirs de sang
La mort à la traîne
La nuit des cafards
La nuit du forain
La peste grise
Une porte sur l'hiver
La voix des ténèbres
Les yeux des ténèbres
La maison interdite
Fièvre de glace
Lune froide
La cache du diable
Mr Murder
Démons intimes
Tic Tac
Etranges détours
Les larmes du dragon
Le rideau des ténèbres
Le visage de la peur
L'heure des chauves-souris

Steven Laws
Train fantôme
Gideon

Tanith Lee
La danse des ombres
Le festin des ténèbres
Caïn l'obscur

Charles de Lint
Mulengro
Symphonie macabre
Les murmures de la nuit

Bentley Little
Le postier

Charles McLean
Le guetteur

Robert Marasco
Notre vénérée chérie

Graham Masterton
Démences
Le démon des morts
Le djinn
Le jour « J » du jugement
Le miroir de Satan
La nuit des salamandres
Le portrait du mal
Les puits de l'enfer
Rituels de chair
Hel
Transe de mort
Manitou
La vengeance de Manitou
L'ombre du Manitou
Le trône de Satan
Apparition
La maison de chair
Les guerriers de la nuit
Les rivages de la nuit
Le fléau de la nuit
Tengu
Sang impur
Le maître des mensonges
Les visages du cauchemar

Robert McCammon
L'heure du loup
La malédiction de Bethany
Scorpion
Le mystère du lac
Soif de sang

Michael McDowell
Les brumes de Babylone
Cauchemars de sable

Andrew Neiderman
L'avocat du diable
Confessions androgynes

Pierre Pelot
La nuit sur terre

D. Preston/L. Child
Relic

John Pritchard
Les sœurs de la nuit
Les anges du désespoir
Les cavaliers du crépuscule

GARFIELD REEVES-STEVENS
Contrat sur un vampire
La danse du scalpel

ANNE RICE
Chronique des vampires
1. Entretien avec un vampire
2. Lestat le vampire
3. La reine des damnés
4. Le voleur de corps

La momie
Le lien maléfique
L'heure des sorcières
Taltos
Memnoch le démon

ANNE RIVERS SIDDONS
La maison d'à côté

FRED SABERHAGEN
Un vieil ami de la famille
Le dossier Holmes-Dracula
Les confessions de Dracula
Un amour de Dracula

JOHN SAUL
Cassie
Hantises
Créature

PETER STRAUB
Ghost Story
Julia
Koko
Mystery
Sans portes, ni fenêtres
La gorge

MICHAEL TALBOT
La tourbière du diable

BERNARD TAYLOR
Le jeu du jugement

SHERI S. TEPPER
Ossements

THOMAS TESSIER
L'antre du cauchemar

THOMAS TRYON
L'autre
La fête du maïs
Noire magie

JACK VANCE
Méchant garçon

LAWRENCE WATT-EVANS
La horde du cauchemar

CHET WILLIAMSON
La forêt maudite

PAUL F. WILSON
La forteresse noire
Liens de sang
Mort clinique

BARI WOOD
Amy girl
Double vue

BARI WOOD/JACK GEASLAND
Faux-semblants

T. M. WRIGHT
L'antichambre
Manhattan Ghost Story
L'autre pays

XXX
MICHÈLE SLUNG présente :
22 histoires de sexe et d'horreur

JEFF GELP présente :
Shock Rock

DOUGLAS E. WINTER présente :
13 histoires diaboliques

Dernières nouvelles de Dracula
L'année de la terreur

Achevé d'imprimer en janvier 1999
sur les presses de l'Imprimerie Bussière
à Saint-Amand (Cher)

POCKET - 12, avenue d'Italie - 75627 Paris Cedex 13
Tél. : 01-44-16-05-00

— N° d'imp. 2901. —
Dépôt légal : juillet 1989.

Imprimé en France

POCKET - 12, avenue d'Italie - 75627 Paris Cedex 13
Tél. : 01.44.16.05.00

N° d'imp. 2901.
Dépôt légal : juillet 1999

Imprimé en France